Bijoux
delle feste
Seasonal Jewelry

Maria Teresa Cannizzaro

24 ORE Cultura

Realizzazione editoriale / Production and publication
24 ORE Cultura srl, Pero (MI)

Traduzione in inglese
Catherine Bolton per Scriptum, Roma

English translation
Catherine Bolton for Scriptum, Rome

Prima edizione novembre 2011
First edition November 2011

ISBN 978-88-6648-021-1

Sommario

Contents

Prefazione

La ricchezza argomentativa del saggio che introduce questo libro costituisce da sé un indiscutibile pregio, per chiarezza e sintesi comunicativa. La genesi e la storia del collezionismo è stata da Maria Teresa Cannizzaro documentata storicamente e ragionata sotto i vari aspetti storici, psicologici e filosofici; dotto e piacevole a leggersi, esso sollecita anche infinite riflessioni su quel "perché" si viene spinti a collezionare oggetti dei tipi più svariati, a volte addirittura paradossali.

Il desiderio di possedere di volta in volta quell'oggetto in cui ci si identifica al punto tale da ritenere quasi che sia esso ad attrarci nella sua zona d'influenza fino a costringerci ad acquistarlo per includerlo nella nostra raccolta risponde sicuramente a quel sentimento profondo, raffinato e maniacale che si chiama "voluttà".

Il collezionare è quasi sempre, anzi è sempre, la soddisfazione di un piacere profondo, di un bisogno dell'intelletto quanto dello spirito di espletare, in maniera continua quindi mai pienamente compiuta, un'esperienza estetica che abbiamo selezionato quale "nostra" e di nessun altro.

Tutt'al più possiamo farne partecipi gli altri, rendendo pubbliche le nostre collezioni (e questo moto "filantropico" ha dato luogo proprio alla creazione dei musei, come l'autrice giustamente sottolinea).

Ma, attenzione, rendere accessibili le collezioni significa solo far godere il pubblico di una parte, se vogliamo "residua" per quanto estremamente importante e formativa, delle motivazioni profonde del nostro "mettere insieme", secondo logiche e denominatori comuni che solo in parte riusciamo (e vogliamo) comunicare a chi abbiamo scelto di far godere del nostro progresso di ricerca sull'argomento che ci sta a cuore.

Infatti, dietro l'accumulo, per quanto ragionato e condotto in maniera selettiva, degli oggetti di una determinata categoria, si nasconde non solo un crescente grado di raffinatezza della scelta dal punto di vista estetico, ma soprattutto una sorta di morbosa curiosità della storia e dell'appartenenza di ogni singolo oggetto. Il suo essere "prezioso" in sostanza è direttamente proporzionale alla sua storia precedente l'inclusione in una determinata collezione. Ciò che intriga il collezionista è lo scoprire, a volte l'immaginare, tutto l'iter che l'oggetto ha attraversato dalla sua creazione, dal come e dal perché è stato fatto, fino a tutti i "passaggi" di proprietà, che significano personaggi, vicende della loro vita, motivazioni del loro sussistere. Finalmente, l'oggetto cattura l'attenzione del collezionista, che è capace, perché la sua sensibilità si è via via raffinata, di distinguerne subito il valore intrinseco, di giungere a una sorta di empatia con esso e di farlo proprio.

La sistematizzazione della propria collezione, con l'inserimento e lo studio degli oggetti via via acquisiti, costituisce un ulteriore momento speculativo per il collezionista, che si mette in atto come una sorta di catarsi psicologica. Dietro il collezionismo di qualità (non necessariamente dipendente dal valore degli oggetti) c'è cultura, c'è curiosità e c'è piacere quale sentimento profondo di soddisfazione. Ma, nello stesso tempo, c'è continua attesa. Infatti, quando il collezionista deciderà di terminare il suo percorso di conoscenza? A volte mai, finché vive. La collezione che Maria Teresa Cannizzaro propone in questo volume mi sembra risponda a tutte queste riflessioni. Tuttavia, nello specifico, trattandosi di una collezione di bijoux, di spille d'epoca, vi gioca un ruolo fondamentale l'interesse femminile (ma in parte anche maschile) per oggetti che non sono solo d'uso, ma rispecchiano un gusto particolare, quello di valorizzare la propria immagine, il proprio abbigliamento; essi, in sostanza, non avendo un valore venale equiparabile ai gioielli autentici, hanno tuttavia il potere, enorme, di ingannare e affascinare con la loro straordinaria fattura e la loro, a volte eccessiva, bellezza.

Maria Teresa Cannizzaro è una collezionista *sui generis*, perché dietro il suo cercare, raccogliere e catalogare gli oggetti della bigiotteria americana d'epoca, nasconde un desiderio più grande, quello di testimoniare il lavoro in questo ambito delle fabbriche gestite da italiani a Providence, nel Rhode Island e in generale dei grandi creatori italiani di bijoux in America.

Si tratta, pertanto, non solo del gusto per la gradevolezza, il senso e la fattura dell'oggetto in sé, ma soprattutto della possibilità di documentare l'operato, e quindi l'esistenza, di piccole comunità, che hanno saputo, in una patria lontana da quella di appartenenza, riattualizzare i loro saperi e i loro mestieri e creare per sé e per i propri figli una nuova identità professionale.

Il compito che Maria Teresa si è data negli anni è stato quello di mettere insieme tutti i tasselli possibili di un *puzzle* che restituisse l'immagine tangibile dell'operato delle fabbriche di Providence. Questa ricostruzione, ardua perché di un microcosmo sempre più lontano dagli interessi del mondo contemporaneo, poteva passare unicamente attraverso la ricerca dei piccoli pezzi, paziente e costante.

Il numero sempre crescente degli oggetti trovati, il loro ordinamento scientifico per categorie, ma anche per produzione, ha fatto sì che insieme a una collezione di modernariato, creata con tutti i crismi, si potesse mostrare, far conoscere e "riconoscere" anche la storia della grande opportunità che, oltreoceano, gli italiani consapevoli delle loro capacità hanno saputo cogliere.

Mariastella Margozzi
Direttore del Museo Boncompagni Ludovisi, Roma

Foreword

With its wealth of arguments, the essay that introduces this book is truly valuable, as it provides a clear and informative overview. In it Maria Teresa Cannizzaro documents the genesis and history of collecting, annotating its various historical, psychological and philosophical aspects. Erudite and delightful to read, this essay also evokes countless reflections on why one is inspired to collect the most diverse – and sometimes even paradoxical – types of objects.

The desire to possess the object with which one identifies so closely responds to that profound, refined and obsessive sentiment known as "sensual pleasure."

Collecting is invariably the satisfaction of a profound pleasure, a need of both mind and spirit to enter into an aesthetic experience – ongoing and thus never truly completed – that we have selected as "ours" and no one else's. At most we can allow others to share in it by making our collections public (and this philanthropic impulse is what led to the creation of museums, as the author rightly points out).

However, making collections accessible merely means allowing the public to enjoy a part – which we could term as residual, though it is an extremely important and formative one – of the profound motivations underlying our "hoarding;" and indeed, we organize them according to concepts and common denominators that we are only partially willing to communicate to the people we hope will partake in our ongoing research into the subject we love.

Indeed, as well-reasoned and selective as it may be, the accumulation of objects in a given category conceals not only a growing degree of aesthetic sophistication in choosing, but above all a sort of morbid curiosity for the history and affiliation of each individual object. In essence, its "value" is directly proportional to its previous history. What fascinates the collector is discovering and sometimes imagining the entire path followed by an object from the time it was created, learning how and why it was made, up to all its changes of ownership, which means people, their life stories, and their reasons. The object finally captures the attention of the collector who, because his or her sensitivity has gradually become more refined, is immediately able to distinguish its inherent value, to reach a sort of empathy with it and make it his or her own.

Organizing one's collection, and adding and studying the objects acquired over time, is another moment of speculation for the collector, a sort of catharsis. Quality collecting – and the term "quality" does not necessarily have to do with the value of the objects – is underpinned by culture and curiosity, as well as pleasure, that is, a feeling of profound satisfaction. Yet at the same time there is constant expectation, for when will the collector decide to end this path of knowledge? Never, in some cases, as long as the collector lives.

The collection presented by Maria Teresa Cannizzaro in this book seems to reflect all of these considerations. Nevertheless, since on a specific level it is a collection of costume jewelry, of vintage brooches, what plays a key role here is the interest of women (though men are not immune) in objects that are not only made to be used, but also to enhance one's image and clothing; and indeed, though their monetary value cannot be compared with that of fine jewelry, they have the enormous power to trick and fascinate us with their extraordinary craftsmanship and sometimes excessive beauty.

Maria Teresa is a unique collector because underlying her searching, collecting and cataloging of vintage American costume jewelry is an even greater aim, the wish of testifying to the work of factories run by Italians in Providence, Rhode Island, and – in general – of the great Italian creators of costume jewelry in America.

Consequently, this involves not only the appeal, meaning and manufacture of the object itself, but above all the opportunity to document the work and thus the existence of small communities that, in a country distant from their own, managed to update their knowledge and crafts, and to create a new professional identity for themselves and their children.

Over the years, Maria Teresa has taken on the task of putting together all the possible pieces of the puzzle that can restore to us the tangible image of the work of the factories in Providence. This reconstruction, which is difficult because it concerns a microcosm that is increasingly far removed from the interests of the contemporary world, could only have been done through the patient and constant search for small pieces.

The ever-growing number of items she has found, and their scientific classification by categories as well as by production, means that, alongside this collection of modern collectibles, gathered according to the highest standards, it is possible to show, illustrate and acknowledge the history of the great opportunities that Italians, conscious of their capabilities, were able to grasp on the other side of the Atlantic.

Mariastella Margozzi
Director of the Museo Boncompagni Ludovisi, Rome

Introduzione

I benefici psicologici del collezionismo

Collezionare non è un semplice hobby, chi lo fa possiede, ovviamente in grado diverso, una qualità speciale, la capacità di meravigliarsi del mondo e dei suoi oggetti, di intuirne la forza evocativa, di entusiasmarsi della loro scoperta, di creare legami tra i capolavori e le piccole cose che hanno costituito il contesto storico in cui sono nati, fornendo un quadro più completo della cultura del tempo.

Il collezionista non solo ordina le cose in una misteriosa relazione di senso, ma nel contempo riordina l'infinita geografia del proprio mondo interiore, legando gli oggetti tra loro in quella che Paul Valéry ha definito "vertigine della mescolanza".

Ed è proprio questo bisogno di ordinare il mondo in categorie che spinge il bambino fin dall'età che va dai sei ai dieci anni a raccogliere gli oggetti più vari e a confrontarsi con i coetanei, con i quali scambiare figurine, soldatini o altro: "collezionare" quindi assume un'importante valenza formativa, poiché gli dà l'opportunità di creare relazioni sociali con i suoi simili.

Altrettanto positivo sarà il collezionare nell'età evolutiva; infatti, favorendo lo sviluppo di alcune competenze, come la conoscenza degli oggetti, la capacità di classificarli, di fare comparazioni, analogie e differenze, contribuisce a far allargare l'orizzonte mentale dell'individuo.

In età adulta si aggiungerà a tutto ciò anche la necessità di soddisfare l'esigenza di compiutezza e di ricerca. Così l'oggetto del collezionare in genere cambia, a meno che il bisogno di controllare l'ansia di separazione dagli oggetti dell'infanzia non spinga anche da adulti a collezionare soldatini o figurine. Collezionare produce perciò prima di tutto apertura mentale, poiché attiva la capacità d'indagine, di fare ipotesi su come muoversi per trovare ciò che si cerca, di valutare e scegliere. Di conseguenza ne risultano potenziate le facoltà di giudicare e di decidere.

Il collezionista inoltre impara gradualmente a non seguire solo le regole della logica, ma soprattutto l'intuito, che spesso aiuta a risolvere i problemi in modo più rapido e immediato. Si sviluppa uno speciale fiuto che fa cogliere al volo sfumature di differenze, anche sottili, tra oggetti dello stesso tipo e magari dello stesso periodo o autore.

Inoltre via via che la collezione diventa più ampia si incrementano sia l'abilità nell'ordinare le cose in modo sistematico che la memoria. Infatti chi colleziona deve mantenere ferma e sviluppare l'attenzione su un determinato tema, il che equivale a una sorta di meditazione concreta. Si impara così a mettere a fuoco, insieme alle cose, anche i pensieri e i sentimenti. Concentrarsi su uno o più oggetti produce poi una variazione dell'attività elettrica del cervello, da cui deriva in genere un senso di calma e benessere.

Ciò che spinge a collezionare è indubbiamente anche il desiderio del possesso e il possesso dà sicurezza. È innegabile che il ritrovamento di un pezzo che si cercava da tempo o raro rafforzi l'ego individuale, aiuti ad acquistare consapevolezza delle proprie capacità e quindi potenzi l'autostima. Scoprendo le proprie qualità si impara a conoscersi e amarsi.

Va detto però che occorre non esagerare e darsi dei limiti; talvolta infatti anche semplici oggetti come un libro, un disco o un'etichetta rara perdono la loro connotazione reale e diventano veri e propri feticci. Quando i collezionisti sono spinti da un tale fanatismo non solo sono possessori delle loro cose, ma finiscono per essere da queste posseduti.

Se invece non diventa passione incontrollabile, preso in dosi accettabili, il collezionismo è sicuramente salutare e perfino terapeutico contro lo stress. Il raccogliere, ordinare e catalogare, persino tappi di bottiglia o scatole di dadi per brodo, infonde sicurezza: anche col trattenere cose inutili infatti si può riuscire a combattere l'ansia.

Se il collezionismo è in qualche modo una forma di amore, che implica inevitabilmente il bisogno del possesso e dell'esclusiva, i collezionisti comunque si sentono investiti anche del compito di custodire piccole grandi meraviglie per i posteri, affinché altri ne possano godere in futuro.

Breve storia del collezionismo

Il cardinal Borromeo in alcune sue riflessioni per la creazione dell'Accademia Ambrosiana sosteneva che sia la paura della caducità del tempo e della vita che porta l'uomo, il quale non vuole essere dimenticato, a raccogliere tutto ciò che rappresenta il passato e il presente per le generazioni future. Tanto è vero che molti collezionisti, che alla loro morte donano le proprie raccolte, vogliono non solo che sia mantenuto il vincolo dell'integrità, ma anche quello del nome della collezione: si crea così un tutt'uno tra collezionista e oggetti, quasi a voler proiettare se stessi nel futuro.

Il fenomeno del collezionare, e quindi raccogliere, catalogare, conservare in maniera sistematica oggetti e documenti, si perde nella notte dei tempi. Ne sono testimonianza le tracce del collezionismo cultuale e di primitive pulsioni di possesso presenti in tutte le antiche civiltà.

Racconta per esempio Erodoto che i Babilonesi organizzavano con notevole successo pubbliche aste di oggetti artistici. A Roma già dal 150 a.C. si proponevano al miglior offerente i bottini di guerra costituiti da armi, statue, vasi cesellati, gioielli e ornamenti, di cui si sa che Cesare e Pompeo erano appassionati collezionisti.

Nel corso del tempo il collezionismo ha assunto chiaramente connotazioni molto diverse; in ogni caso, dall'osservazione di quanto si è collezionato, cioè dal tipo di oggetti o documenti raccolti, dalla loro disposizione cronologica o per argomenti si può capire non solo il motivo di queste raccolte, ma soprattutto il gusto e lo spirito del tempo, le caratteristiche di una determinata società e dei suoi protagonisti.

Di sicuro il collezionismo dei singoli individui, che sappiamo fu fiorente nel periodo greco-romano, decadde nel Medioevo e per molti secoli questo fenomeno riguardò esclusivamente i nobili e la Chiesa. È difficile comunque tratteggiarne una storia precisa per la scarsità dei documenti disponibili.

La Chiesa, che aveva assunto un ruolo guida anche sul piano culturale, volendo reprimere l'ostentazione del lusso e della ricchezza e invitando al distacco dai beni terreni, non attribuì valore storico o estetico alle raccolte delle numerose opere d'arte conservate negli edifici sacri e costituite in prevalenza da messali, codici miniati, reliquiari. La loro funzione fu solo quella di avvicinare i fedeli alla sfera spirituale.

Quanto poi ai molti sovrani che, come per esempio Carlo Magno prima e Federico II poi, si interessarono ai reperti classici, essi li raccolsero, oltre che per il desiderio di possedere oggetti preziosi, soprattutto per sottolineare il loro ruolo di eredi del potere imperiale, volendo essere considerati continuatori della civiltà classica.

Fu Francesco Petrarca a comprendere il valore storico e documentario dell'opera d'arte, e in particolare delle monete antiche che appassionatamente collezionava e che poi donò in gran parte all'imperatore Carlo IV di Boemia. Egli infatti vedeva nei ritratti effigiati un aiuto insostituibile per ricostruire le sembianze, e di conseguenza gli insegnamenti, dei personaggi del mondo classico. Tra il XV e il XVI secolo il fiorire delle arti figurative portò alla costituzione di numerose collezioni private, poiché i reperti classici smisero di essere considerati solo uno stimolo etico e acquisirono valore di testimonianza visiva dell'antichità, grazie a cui si poteva stabilire con essa un legame diretto. Perciò accanto agli umanisti come Leonardo Bruni e Poggio Bracciolini anche le famiglie nobili cominciarono a raccogliere oggetti antichi: l'opera d'arte non rappresentò più solo qualcosa di bello e sublime, ma diventò anche una forma, seppur "nobile", di investimento, un messaggio di gloria e di potere della famiglia. In tal senso vanno intese, per esempio, le commissioni a Donatello e Brunelleschi di Cosimo il Vecchio de' Medici, che cercava così un vero e proprio suggello del prestigio politico acquisito a Firenze.

Il collezionismo d'arte è quindi strettamente connesso sia al fenomeno del mecenatismo, che fece fiorire le arti a Urbino con i Montefeltro, a Milano con i Visconti e gli Sforza, a Mantova con i Gonzaga, a Ferrara con gli Estensi, sia, successivamente, alla nascita dei musei.

Quando infatti sul finire del Cinquecento, anche grazie a Giorgio Vasari e in particolare alle sue *Vite*, si affermò una più precisa sensibilità storiografica, le collezioni d'arte non costituirono più una parte speciale dell'arredamento del palazzo del signore, ma assunsero una fisionomia quasi autonoma. Nasceranno così gli Uffizi, primo caso di edificio apposi-tamente creato per contenerle.

Nel 1581, infatti, Francesco I, figlio di quel Cosimo I che venti anni prima aveva voluto riunire le tredici più importanti magistrature fiorentine, dette *uffici*, in una nuova sede governativa, consona alla potenza politica e mi-litare acquisita da Firenze dopo la conquista di Siena, decise di chiudere e adibire la loggia dell'ultimo piano a galleria personale, dove raccogliere la sua magnifica collezione di dipinti, medaglie, statue antiche e moderne, oggetti di oreficeria e pietre dure, armature, strumenti scientifici e rarità naturalistiche, ma anche ritratti della famiglia Medici e di uomini illustri.

Ovunque in Italia e in Europa le collezioni si trasferirono in *gallerie*, vasti ambienti di passeggio coperti, dove venivano esposte per esaltare la potenza e il gusto di chi le aveva commissionate. Nascono anche piccoli raffinati am-bienti destinati alla riflessione e allo studio, gli *studioli*, dove, accanto alle sculture classiche e alle opere d'arte, si raccoglievano oggetti esotici, stru-menti alchemici e curiosità naturali. Molto rinomati furono quelli di Isabella d'Este e di Federico da Montefeltro.

Tipici del collezionismo dei paesi nordici furono invece la Camera delle Me-raviglie (*Wunderkammer*), originatasi dal tesoro dei castelli medievali, e i *cabinets* scientifici.

Mentre si andava affermando il concetto di museo pubblico, tuttavia, per gran parte del Cinquecento, le collezioni conservarono in genere un caratte-re privato e di documentazione enciclopedica, furono collezioni "dinastiche", rispetto a cui era ormai chiara la necessità di tutela e salvaguardia.

Anche gli artisti, desiderosi di sottolineare il carattere intellettuale della loro attività e di non essere più considerati solo semplici artigiani, capirono quanto fosse utile possedere oggetti d'arte per diventare famosi. Le botteghe dello Squarcione, di Lorenzo Ghiberti, del Sodoma, divennero delle vere gal-lerie d'arte che, oltre a fornire modelli agli allievi, documentavano la cultura e la fama dei proprietari. Tra il XVI e il XVII secolo il collezionismo caratte-rizzò tutte le grandi corti europee, dove venne concepito come affermazione del prestigio dinastico, e grandi collezionisti furono infatti l'imperatore Carlo V e Francesco I di Francia, seguiti poi da Carlo I d'Inghilterra, che comprerà in blocco la galleria dei Gonzaga.

A Roma, all'aprirsi del Seicento capitale artistica d'Europa, nacquero le grandi "collezioni papali", i cardinali Scipione Borghese, Maffeo Barberini, Marcantonio Colonna, Giovanni Battista Pamphilj e Bernardino Spada, per nominarne solo alcuni, furono collezionisti raffinati e capaci di capire il ta-lento di grandi artisti come Caravaggio. I loro nomi infatti sono oggi legati a prestigiosi musei e gallerie.

In Francia Richelieu sostenne che il collezionismo dovesse essenzialmente essere espressione del potere della Corona (egli infatti donerà le sue gran-diose raccolte al re) e proprio per questo nel 1681 Colbert, il più grande acquirente di opere d'arte, fu incaricato da Luigi XIV, re Sole, di costituire la galleria del Louvre (aperta al pubblico nel 1793, sotto il segno della Rivoluzione).

Nello stesso periodo tuttavia il collezionismo cominciò a non essere più esclusivo appannaggio di pochi eletti; compaiono collezioni meno onerose e meno impegnative e di conseguenza alla portata anche della piccola aristocrazia e soprattutto della emergente classe borghese.

La tendenza si manifestò prima nei Paesi Bassi, dove la borghesia era più ricca e più forte era l'etica calvinista che nel successo vedeva un segno tangibile della benevolenza divina verso l'individuo. Il denaro, al contrario di quanto avveniva nell'ambito cattolico, non era considerato "lo sterco del demonio", perciò la ricchezza, rappresentata anche dal possesso di opere d'arte, veniva ostentata senza imbarazzo e anzi con orgoglio.

Si collezionarono soprattutto dipinti come paesaggi, battaglie, nature morte, ritratti magari in interni, come i quadri che Jan Vermeer realizzò per il suo ricco committente Pieter van Ruijven. Gli artisti assecondarono le richieste dei nuovi acquirenti offrendo un "prodotto" nuovo ai borghesi, che erano in genere commercianti e si trasferivano spesso: insieme al soggetto, non più solo sacro, la mentalità calvinista vede con sospetto le rappresentazioni dei santi, cambia la dimensione del quadro. Il dipinto di piccolo formato è infatti più facile da collocare, più comodo da trasportare e più agevolmente scambiabile. Accanto agli *antiquari*, studiosi dell'antichità che spesso ne raccoglievano e conservavano testimonianze concrete, nella critica d'arte si andò affermando nel 1600 anche la figura del conoscitore *dilettante*, la cui competenza non derivava più dal possedere specifiche cognizioni tecniche e professionali, ma dalla grande familiarità con gli artisti e le loro opere. Si trattava di un intenditore d'arte dal gusto raffinato, in grado di mettere le proprie competenze al servizio di collezionisti anche di estrazione borghese e di condizionarne gli acquisti. Come fu, per esempio, il cavalier Cassiano dal Pozzo, l'accademico della Crusca e dei Lincei, a cui si deve tra l'altro la definizione di "Gioconda" per il ritratto più celebre di Leonardo. Grande amico e sostenitore di Pietro da Cortona e di Poussin, è ricordato soprattutto per il Museo Cartaceo, una sorta di archivio, in cui raccolse i disegni di tutte le antichità conosciute. Si deve a personaggi simili l'organizzazione delle prime vere e proprie mostre d'arte che comparvero a Roma nella prima metà del Seicento. Ebbero così molto successo presso la nobiltà e presso l'alta borghesia, desiderosa di elevare il proprio status sociale, pittori per lo più olandesi, definiti bamboccianti, perché seguaci di Pierre van Laer, detto il Bamboccio per il suo aspetto infantile, o forse per una deformazione fisica.

Anche il romano Michelangelo Cerquozzi, al servizio dei Colonna, fu molto apprezzato dai mercanti d'arte. Pittore di genere, i suoi eroi sono persone anonime, il ciabattino, i giocatori di carte, che rappresentano la vita della gente comune dell'Italia del Seicento.

Tipico della scuola era infatti ritrarre scene di vita popolare della Roma papale, soprattutto di quel mondo che viveva all'ombra dei ruderi di epoca romana ai margini della società, come ruffiani, ladri, giocatori e bari, prostitute e mendicanti. Il successo delle "bambocciate" fu immediato nell'ambiente dei nuovi collezionisti, che riempirono le loro quadrerie e le loro sale con queste piccole tele: lo conferma Salvator Rosa, che scrive: "E questi quadri son tanto apprezzati / che si vedon de' Grandi entro gli studi / di superbi ornamenti incorniciati". Grazie a Louis Le Nain, che dopo un soggiorno a Roma fondò una colonia analoga a Parigi, i dipinti dei bamboccianti furono molto collezionati anche in Francia.

Nel Settecento l'evoluzione della cultura italiana sia laica che ecclesiastica favorì il diffondersi del collezionismo e il collezionista si identificò con l'erudito e lo storiografo, spinto dal desiderio di documentare, con una sistemazione scientifica e grazie a esempi visibili, lo sviluppo della civiltà italiana. Si cominciava infatti ad affermare una precisa tensione nazionalistica da parte di numerosi letterati di formazione illuministica.

In particolare il collezionismo svolse un'importante funzione di promozione nel recupero in senso storico documentario del mondo medievale e di forme d'arte fino ad allora poco valorizzate, che ora apparivano fondamentali per capire le origini della nostra civiltà moderna.

Va comunque sottolineato che è il Settecento il secolo in cui in modo inequivocabile si afferma la necessità della gestione pubblica del patrimonio storico artistico. Nel secolo dei "lumi", mentre si andava diffondendo la convinzione che per tutti gli esseri umani fosse possibile la comprensione razionale della realtà, e che questo dovesse portare al riconoscimento dei diritti fondamentali dell'uomo, tanti furono i sovrani illuminati, in linea con le nuove istanze didattiche e culturali, che compresero la straordinaria importanza delle arti visive come veicolo di comunicazione con i sudditi.

Per pubblicizzare le raccolte, si aprirono allora alla fruizione pubblica sia le collezioni private che i musei dinastici: nel 1734 a Roma Clemente XIII fondava il Museo Capitolino. Musei, teatri, biblioteche e accademie diventano gli strumenti principali della formazione intellettuale dei nuovi ceti borghesi e di diffusione di una cultura sempre più allargata.

Sarà proprio l'affermazione definitiva della borghesia, il cui gusto e senso estetico-critico si erano ormai consolidati e raffinati, a portare nel corso dell'Ottocento in tutta Europa, mentre nascevano grandi musei pubblici anche a carattere scientifico, al permanere, anzi a un ulteriore dilatarsi, del collezionismo privato.

Del resto molti avevano potuto arricchire le loro collezioni, quando, grazie alle leggi napoleoniche sulla soppressione dei beni ecclesiastici, era comparsa sul mercato una grande quantità di materiale interessante.

Un ruolo di primo piano in tutto questo avevano avuto, sia come consiglieri riconosciuti della classe borghese sia come scopritori di tesori, i mercanti d'arte, il cui gusto era libero da sovrastrutture ideologiche. Il loro principale centro di approvvigionamento fu Venezia, ormai in piena crisi economica, dove essi funsero da intermediari tra le famiglie venete decadute e gli acquirenti, soprattutto stranieri.

Accanto alla passione per l'arte si evidenziava chiaro il desiderio di investire i capitali. Fiorirono così alcune tra le maggiori collezioni italiane, quella di Giacomo Carrara a Bergamo, di Teodoro Correr a Venezia, di Federico Stibbert a Firenze e di Gaetano Filangieri a Napoli.

Anche presso gli altri paesi europei nacquero importanti raccolte private; tra le tante basta ricordare la Wallace Collection a Londra e il museo Jacquemart-André a Parigi. Il fenomeno acquisì tuttavia aspetti eclatanti nel Nuovo Mondo; infatti, verso la fine del secolo, molti magnati americani, accumulate enormi ricchezze, non vollero sfigurare davanti agli europei e iniziarono a formarsi collezioni di eccezionale rilievo, tra cui spiccano quelle di Paul Getty in California e di Isabella Stewart Gardner a Boston.

A New York, che cominciava a volersi presentare non solo come il centro degli affari e della finanza, si assiste poi a una vera e propria concentrazione con quelle di John Pierpont Morgan, collezionista di antichi spartiti musicali e che aveva potuto permettersi di acquisire addirittura l'originale della Bibbia di Gutenberg, del raffinato autodidatta "re dell'acciaio" Henry Clay Frick, appassionato di arte francese e olandese, di Solomon Guggenheim, che volle che lo stesso edificio destinato a contenere le sue collezioni di arte contemporanea fosse un capolavoro e ne affidò perciò il progetto al geniale architetto Frank Lloyd Wright. Per non parlare di quel vero e proprio testo visivo della storia dell'arte, realizzato nei Cloisters, grazie ai viaggi e agli acquisti fatti in Europa dall'intera famiglia Rockefeller.

È solo nel Novecento, tuttavia, che, complice una maggiore diffusione del benessere e della cultura, il collezionismo diventa un fenomeno di massa, mentre si afferma definitivamente l'idea del collezionare come sicuro investimento. Non ebbe ricadute sul mercato dell'arte persino la grande depressione del 1929, successivamente le aggiudicazioni d'asta raggiunsero livelli strepitosi proprio durante la crisi petrolifera del 1972 e fino al 1982, tanto che addirittura il valore dell'arte salì di oltre il 230%, mentre la borsa è rimasta ferma per dieci anni. Così pure dopo l'attentato alle Torri Gemelle del 2001 la valutazione delle opere d'arte si è rafforzata di circa il 30%, mentre la borsa è scesa quasi del 50%.

Comunque, i veri collezionisti non sono mai motivati solo dall'"investimento". Il collezionismo è un fenomeno economico, sociale e di costume dai molti e interessanti risvolti psicologici.

Freud collezionista di arte antica

Un aspetto poco conosciuto e insolito della biografia del padre della psicoanalisi è che egli fu, malgrado le difficoltà finanziarie, un accanito collezionista di arte antica per oltre quarant'anni. Non si trattò di un mero hobby della maturità, ma di una vera e propria passione, di un'attrazione che fu uno dei motivi conduttori di tutta la sua esistenza. Per sua stessa ammissione, fu un "vizio che per intensità fu secondo solo a quello del fumo", generato dal suo grande amore per la cultura e la letteratura classica e di conseguenza per l'archeologia. Egli stesso confessò che in qualche momento era arrivato a leggere più saggi di archeologia che di psicologia. Sigismund Schlomo ("il saggio") a Vienna, dove era arrivato a soli quattro anni, si sentì sempre soffocare e amò invece moltissimo l'Italia, tanto da definirla "la terra dei sogni". Grande gioia gli procurarono infatti i viaggi a Roma e ad Atene; le visite ai Musei Vaticani e all'acropoli ateniese, come poi al Metropolitan Museum di New York, saranno tappe per lui indimenticabili.

Quella di Freud fu dunque una "pulsione antiquaria", una sorta di sintomo o una "dipendenza" forse nata sia dall'impressione provata quando con sorpresa trovò "un museo" nella casa di Jean-Martin Charcot, il grande neurologo parigino le cui lezioni poté frequentare con una borsa di studio e che segnò il suo interesse per la psicopatologia, sia dalla vista delle splendide antichità del museo del Louvre.

Da allora per tutta la vita avrebbe incrementato una sempre più ampia collezione che arrivò a contare circa duemila pezzi, tutti affollati intorno a lui nel suo studio, una vera e propria "cornice della vita quotidiana". Possedeva stampe originali acquistate in Italia, una vasta collezione di oggetti e statuette antiche (romane, greche, orientali, ecc.) ora conservate nei musei a lui dedicati a Vienna e a Londra.

Anche quando le leggi razziali dei nazisti lo costrinsero ad andare in esilio a Londra, riuscì a portare con sé le antichità raccolte, grazie al riscatto pagato ai tedeschi dalla principessa Marie Bonaparte. Scriverà sollevato: "Tutti gli Egiziani, Cinesi e Greci sono arrivati, sono sopravvissuti al viaggio quasi senza danni".

Con spirito da archeologo che scava instancabile per riportare alla luce e ricostruire pazientemente il passato (la metafora archeologica per descrivere il metodo psicoanalitico lo avrebbe accompagnato costantemente) Freud affianca la sua ricerca al soddisfacimento dei propri desideri infantili e segreti che lo accompagnarono sino agli ultimi anni di vita: il collezionismo di reperti antichi e i viaggi in Italia.

Del resto, dopo un'attenta analisi del fenomeno egli arriva alla conclusione che il collezionismo altro non sia che una tendenza ritentiva risalente allo stadio anale dell'evoluzione psichica infantile, una forma che può diventare maniacale, ovvero un antico rituale che ha lo scopo di contrastare gli impulsi aggressivi e sessuali.

Già nel 1895 negli *Studi sull'isteria* Freud introduce il paragone tra il suo "procedimento di svuotamento strato per strato" dei ricordi rimossi di fatti traumatici, cioè il lavoro di analisi che stava portando avanti con i suoi pazienti, e la "tecnica del dissotterrare una città sepolta", cioè il lavoro dell'archeologo. "Saxa loquuntur!" esclamerà in un celebre passo di una conferenza del 1896. Per lui, impegnato a spiegare le nevrosi, le "grandi opere d'arte della natura psichica", le scoperte archeologiche e i reperti antichi offrivano una prova tangibile del conservarsi di tracce indelebili del passato nell'inconscio dell'individuo e del fatto che si potesse arrivare a scoprirle grazie a un metodo, quello psicoanalitico, simile a quello dell'archeologo, che permette di reinserire frammenti in apparenza banali in un contesto affettivo di senso.

Il simbolo del rapporto della psicoanalisi freudiana con l'antichità e con la letteratura è il famoso bassorilievo del II secolo d.C. cosiddetto della "Gradiva", di cui, ovunque vivesse, Freud tenne nel suo studio una riproduzione e che fu oggetto di un suo celebre lavoro a partire dall'omonimo romanzo di Wilhelm Jensen. Il protagonista, l'archeologo Norbert Hanold, in un museo di Roma, scopre un bassorilievo che lo colpisce tanto da spingerlo a procurarsene un calco in gesso e a dargli il nome di Gradiva, l'avanzante. La figura femminile è rappresentata infatti nell'atto di camminare con una grazia tanto naturale da sembrare viva ed egli comincerà a sentirne un'ossessionante attrazione che poco dopo si rivelerà in un sogno angosciante sullo sfondo dell'eruzione del Vesuvio. In realtà, spiegherà Freud, il cataclisma di Pompei rappresenta un grave trauma avvenuto nel passato e che si tenta inconsciamente di riattualizzare, per cambiare il corso degli eventi. La Gradiva è la Statua errante, la Sfinge, l'Immagine che cattura tutte le energie vitali.

La guarigione avviene quando il protagonista riesce a svincolarsi dal potere della statua poiché riconosce in lei Zoë Bertgang, la compagna dei suoi giochi d'infanzia, e i suoi sentimenti si spostano dalla donna di pietra alla donna di carne, rompendo con l'attualizzazione nel presente il cerchio del delirio e ponendo così fine al risucchio nel passato.

Collezionismo minore

Da circa un ventennio la passione del raccogliere "oggetti" si è molto evoluta e ampliata, raggiungendo un pubblico sempre più vasto, anche perché è divenuta molto più facile la ricerca del "pezzo mancante". Infatti l'immenso mercato virtuale di Internet permette oggi di comprare, barattare e vendere di tutto.

È stato calcolato che gli affari nell'ambito dell'e-commerce in Italia sono cresciuti dai 343 milioni di euro del 2000, ai 4091 milioni del 2006: da allora a oggi la crescita è andata avanti in termini di progressione geometrica!

Sono nate così collezioni "insolite" o "strane", che richiedono per iniziare l'impegno di cifre molto modeste. Per esempio, l'avvento del merchandising e dei gadget, spesso forniti assieme al prodotto dalle grandi industrie, specie quella alimentare, permette di scegliere e di raccogliere i più svariati oggetti che, terminato l'uso, vengono normalmente abbandonati.

Si tratta di oggetti "firmati" o col nome della ditta o col marchio del prodotto, che vengono raccolti anche da collezionisti in erba, come i pupazzetti di una famosa ditta produttrice di ovetti di cioccolata.

Fra i collezionisti fruitori della rete ricerche di mercato affermano che ci sia una collezionista femmina ogni due appassionati uomini. Questo è naturale, se si pensa che un chiaro retaggio culturale porta gli uomini all'individualismo e al senso del possesso, mentre le donne privilegiano le relazioni umane, sicché per i loro acquisti ancora preferiscono i mercatini, ormai prosperati in tutte le città e i borghi, soprattutto quelli specializzati in modernariato.

Gli appassionati di modernariato collezionano tutto quanto è stato prodotto anche con nuovi materiali come l'alluminio, il rame e ogni genere di plastica dall'inizio del 1900 all'inizio del nuovo millennio: dalle radio e dalle lampade a ogni tipo di mobile e oggetto per la casa, a ogni genere di accessorio per uomo, come occhiali, orologi e accendini, e per donna, come abiti, borse, scarpe, cappelli, monili veri e di bigiotteria, purché rigorosamente *vintage*. Questo termine, che letteralmente significa "d'annata" (con riferimento alla produzione del vino), viene utilizzato ovunque in inglese, come accade ormai per moltissime parole nella nostra realtà globalizzata.

Nata in Inghilterra e negli Stati Uniti, società ad ampia stratificazione, in cui c'è sempre qualcuno che può utilizzare gli scarti degli altri, la moda del *vintage* è divenuta molto popolare anche in Italia. Si tratta di una tendenza che porta a riutilizzare capi d'epoca, attualizzandoli nei modi più svariati, senza alterarne il gusto e la bellezza, che il tempo non ha modificato.

Il rifiuto dell'omologazione che la moda pronta, uguale per tutti, finisce col creare è sempre più diffuso e sono sempre più numerosi coloro che, giovani e non, preferiscono personalizzare il proprio abbigliamento e la propria immagine mescolando con fantasia stili ed epoche, indossando capi nuovi insieme ad altri d'annata. Si va così alla riscoperta della moda della seconda metà del secolo passato, quando la qualità dei tessuti era migliore e la manifattura artigianale, quando prodotti meno industrializzati rendevano non solo quelle dell'alta moda, ma anche quelle delle sartine di quartiere, piccole opere d'arte applicata, quando orli, asole e ricami rivelavano cura e attenzione al minimo particolare e non solo al taglio.

Chi ha conservato capi di Chanel, Capucci, Pucci, Dior degli anni sessanta, ma anche gli abiti o gli accessori della mamma e della nonna, li considera quasi alla stregua di un gioiello di famiglia, da non tenere chiuso nell'armadio, ma da far rivivere mostrandolo orgogliosamente agli altri, come un bel Capodimonte ereditato dalla nonna.

Tra gli oggetti *vintage* più collezionati ci sono oggi senza dubbio tutti i monili di bigiotteria americana. Certo la spilla, che non pone problemi di taglia o di allergia, è senza dubbio al vertice della lista.

Di quest'ultima le italiane – ma non mancano gli uomini – sono in Europa tra le più appassionate ricercatrici e collezioniste, anche perché tra i disegnatori e produttori di quelli che comunemente sono conosciuti come "i gioielli delle dive" ci furono un gran numero di piccoli "Michelangelo" emigrati in America dal nostro paese dalla fine dell'Ottocento alla seconda metà del Novecento. Grazie alla loro fervida creatività e alle loro raffinate capacità artigianali, essi seppero incantare con la bellezza dei loro manufatti donne di ogni condizione sociale, dalle casalinghe alle donne più famose come la duchessa di Windsor o quella icona di stile ed eleganza che fu Jackie Kennedy. Emblematica è la storia di uno dei creatori delle firme più note e collezionate, Gustavo Trifari, che, partito con una modesta valigia di cartone dalle banchine del porto di Napoli, seppe realizzare il sogno americano arrivando con le sue creazioni fino nelle stanze della Casa Bianca: Mamie Eisenhower entrambe le volte al ballo inaugurale della presidenza del marito indossò infatti una parure di semplici perle di vetro e strass realizzata da lui, conservata attualmente allo Smithsonian Institution di Washington.

E non dimentichiamo Camille (Millie) Petronzio, la cui famiglia proviene da Cinquefrondi, un minuscolo paese in provincia di Reggio Calabria, che, lavorando per la prestigiosa firma Miriam Haskell, ha disegnato anche i bijoux delle attrici di *Titanic*, la pluripremiata pellicola hollywoodiana.

Oggi questi monili "falsi", per la varietà incredibile di stili, soggetti e materiali utilizzati, sono riconosciuti come elegante alternativa ai gioielli veri e come tali socialmente accettati. Poveri ma belli, frutto di una produzione semindustriale, la meticolosa rifinitura artigianale conferisce loro una valenza estetica così elevata, da non farli sfigurare davanti ai preziosi più blasonati. Anzi sono considerati "preziosi" da un numero sempre maggiore di collezionisti, specie se firmati da Miriam Haskell, Coro, Trifari, Kenneth Jay Lane. E, cosa che non guasta, oggi si può ancora andare tranquillamente alla ricerca di questi piccoli tesori senza mettere in crisi il proprio borsellino e in tempi di democrazia non si può dimenticare che "un diamante è per sempre, ma uno strass è per tutte". È questo da sempre il motto di Peter Di Cristofaro, fondatore del Providence Jewelry Museum, nella capitale del Rhode Island, "luogo di nascita" della bigiotteria.

Sedi sempre più prestigiose ospitano, con grande successo di pubblico, mostre in cui si presentano collezioni di bigiotteria americana d'epoca, antiquari raffinati le espongono accanto a pezzi di alta epoca, perché appare chiaro che anche dietro quelli che sono considerati prodotti di arti minori, quindi oggetto di un collezionismo minore, in realtà è possibile individuare interessanti aspetti artistici e storico antropologici niente affatto trascurabili.

Un'unica difficoltà si presenta a chi decida di collezionare "costume jewelry", cioè quella di scegliere cosa collezionare, tali e tanti sono i temi e i soggetti degni di attenzione.

Nelle pagine che seguono ve ne suggeriamo alcuni tra i più amati da uomini e donne senza distinzione e che abbiamo scelto soprattutto perché nella maggior parte dei casi chi li colleziona non si limita a riporli in una bacheca, ma li indossa con gioia, suscitando curiosità e allegria.

Maria Teresa Cannizzaro

Introduction

The psychological benefits of collecting

Collecting is more than a mere hobby. Collectors possess – to different degrees, of course – a special quality: the ability to be astonished by the world and its objects, perceive its evocative power, and establish ties between masterpieces and the small things that have formed the historical context in which they arose, thus providing a more complete picture of the culture of the era. A collector not only arranges things in a mysterious relationship of meanings, but simultaneously reorganizes the infinite geography of his or her own interior world, connecting objects to each other in what Paul Valéry defined as the "vertigo of the mélange."

It is precisely this need to arrange the world in categories that inspires children between the ages of six and ten to collect all sorts of things and engage with other youngsters, with whom they trade cards, toy soldiers and more. "Collecting" thus becomes important from an educational standpoint, because it gives children the opportunity to form social relations with their peers.

Collecting during adolescence is equally positive because, by encouraging the development of certain skills such as knowledge about objects and the ability to classify them and make comparisons, to draw analogies and grasp differences, it helps broaden the individual's mental horizon.

In adulthood all of this is supplemented by the need to satisfy the desire for completeness and research. Thus, the object being collected tends to change, unless the need to control the anxiety of being separated from childhood things inspires one to continue collecting baseball cards or toy soldiers. Therefore, collecting generates first of all broad-mindedness, because it stimulates the ability to investigate and come up with hypotheses on how to go about finding what one wants, and to assess things and make choices. In turn, this helps enhance judgment and decision-making skills.

Collectors also gradually learn not to follow the rules of logic alone, but to listen above all to intuition, which often helps solve problems faster and more immediately; they develop a special instinct that makes it instantly possible to grasp subtle differences between objects of the same type and perhaps of the same period or author.

Furthermore, as the collection grows, the ability to arrange things systematically increases, and memory improves. Indeed, collectors must maintain and develop their attention towards a given subject, which, in a certain way, is equivalent to a kind of concrete meditation. In this way, one learns to bring into focus not only things but also thoughts and feelings. Concentrating on one or more objects also triggers changes in the electrical activity of the brain, generating a feeling of peace and well-being.

What pushes one to collect is unquestionably also the desire for possession, and possession engenders security. It is undeniable that finding a rare piece or an item that has been long sought reinforces our ego, stimulating an awareness of our abilities and thus bolstering self-esteem. By discovering our qualities, we learn to know and love ourselves.

It must be said, however, that it is important not to overdo things and to set limits, because sometimes even simple objects such as books, records or rare labels lose their true connotation and become veritable fetishes. When collectors are driven by this kind of fanaticism, they possess their things, but ultimately end up being possessed by them. When it does not turn into an uncontrollable passion, however, and is instead taken in acceptable doses, collecting is undoubtedly healthy and can even fight stress. Collecting, organizing and cataloging even bottle caps or bouillon cube tins instills confidence; saving useless things can also be a way to battle anxiety. While collecting is somehow a form of love that inevitably implies the desire for ownership and exclusivity, collectors, however, also feel themselves invested with the task of safeguarding their great little marvels for posterity, so that others can enjoy them in the future.

A brief history of collecting

In his reflections on the establishment of the Accademia Ambrosiana, Cardinal Borromeo maintained that it is the fear of the transience of time and life that leads humans – who do not want to be forgotten – to collect everything that represents the past and the present for the sake of future generations. In fact, many collectors who decide to bequeath their collections not only stipulate that the collection must not be broken up, but they also want that collection to be named after them. This creates a powerful tie between collector and object, which will determine the collector's future choices.

The phenomenon of collecting, of gathering, cataloging and systematically preserving objects and documents, goes back to the dawn of time. This is witnessed by the traces of cult collecting and the primitive impulse for ownership found in all ancient civilizations. For example, Herodotus recounts that the Babylonians successfully organized public auctions of artwork. In Rome, as early as 150 BC, the spoils of war – weapons, statues, wrought vases, jewelry and adornments – were offered to the highest bidder, and we know that Julius Caesar and Pompey were passionate collectors.

In the course of time, collecting acquired different traits. In any case, by examining what was collected – in other words, the types of objects or documents that were gathered, and their arrangement by subject or in chronological order – we can understand not only the reasons behind these collections, but above all the tastes and spirit of the times, and the characteristics of a given society and its leading figures.

There is no question that collecting by individuals, which we know flourished in the Greco-Roman age, declined in the Middle Ages, and for many centuries was reserved for the aristocracy and the clergy. It is difficult to accurately ouline its history, due to the scarcity of documents.

The Church, which had acquired a leading role also on a cultural level, wanted to repress the display of luxury and wealth, encouraging detachment from earthly goods. As a result, it did not attribute historical or aesthetic value to the collections of numerous works of art preserved in religious buildings and constituted chiefly by missals, illuminated codices and reliquaries: they had only the fuction of bringing the faithful closer to the spiritual sphere.

Many rulers who were interested in classical findings, such as Charlemagne and then Frederick II collected them not only because they wanted to own precious objects, but above all to underscore their role as the heirs of imperial power, as they hoped to be considered the continuers of the classical civilization.

It was Petrarch who understood the historical and documentary value of artwork and, in particular, of ancient coins, which he collected passionately, later giving most of his collection to Emperor Charles IV. He viewed the portrayed figures as a fundamental way to reconstruct the appearance and thus the teachings of the personages of the classical world.

Between the 15th and 16th centuries the blossoming of figurative arts led to the establishment of numerous private collections. Classical findings were no longer considered merely an ethical stimulus and came to be considered the visual witnesses of antiquity, that made it possible to establish a direct tie with this era.

Therefore, alongside humanists such as Leonardo Bruni and Poggio Bracciolini, noble families also began to collect ancient objects. Works of art no longer were merely beautiful and sublime things, but also became a form of investment – albeit a "noble" one – conveying the family's glory and power. This is how we must view the commissions given to Donatello and Brunelleschi by Cosimo de' Medici the Elder who in this way wanted to consolidate the political prestige he had acquired in Florence.

Therefore, art collecting art is closely connected not only with patronage – which allowed the arts to flourish in Urbino with the Montefeltro, in Milan with the Visconti and Sforza, in Mantua with the Gonzaga, and in Ferrara with the Este – but also, subsequently, with the establishment of museums.

In the late 16th century, when a more specific historiographic sensitivity emerged thanks also to Giorgio Vasari and, above all, his *Lives of the Artists*, art collections ceased to be a special part of the furnishings of a lordly palace and came to stand almost on their own. This led to the establishment of the Uffizi, the first example of a building created specifically to contain art. In 1560 Cosimo I decided to unite the thirteen most important Florentine magistracies – called the *uffici* – under one roof, at a new government venue that would reflect the greater political and military power Florence had acquired after conquering Siena. Twenty years later, in 1581, his son Francesco I decided to close off the loggia on the top floor of the building, turning it into a personal gallery designed to house his magnificent collection of paintings, medals, ancient and contemporary statues, gold objects and gems, armor, scientific instruments, natural wonders, and portraits of the Medici family and illustrious figures.

Everywhere in Italy and Europe collections were transferred to *galleries*, large covered walking areas where the works were displayed to exalt the power and tastes of those who had commissioned them. Small and sophisticated rooms were also created to stimulate reflection and study, namely the *studioli*, where classical sculptures and works of art sat next to exotic objects, alchemical instruments and natural curiosities. The *studioli* of Isabella d'Este and Federico da Montefeltro were widely renowned. Instead, the *Wunderkammer* (cabinet of curiosities) originated with the treasures of medieval castles, and was typical of northern Europe, as well the cabinets of science.

Despite the fact that the concept of public museums was making inroads, for most of the 16th century collections remained private, for the purpose of encyclopedic documentation; they were "dynastic" collections that clearly needed to be safeguarded.

Intent on underscoring the intellectual character of their activities and no longer willing to be considered mere artisans, artists also understood the utility of owning artwork in order to become famous. The workshops of Squarcione, Lorenzo Ghiberti and Sodoma became veritable art galleries that, in addition to providing models for pupils, also documented the culture and fame of their owners. Between the 16th and 17th centuries a penchant for collecting characterized all the great European courts, where it was viewed as a way of affirming dynastic prestige. In fact, Emperor Charles V and King Francis I of France were great collectors, followed by King Charles I of England, who purchased the entire Gonzaga gallery.

The great papal collections were born in Rome, the artistic capital of Europe, at the turn of the 17th century; cardinals Scipione Borghese, Maffeo Barberini, Marcantonio Colonna, Giovanni Battista Pamphilj and Bernardino Spada – to name only a few – were sophisticated collectors who fully grasped the talent of great artists such as Caravaggio. Even today their names are tied to prestigious museums and galleries.

In France Richelieu maintained that collecting should essentially be an expression of the power of the Crown (in fact, he would donate his enormous collection to the king). This is the reason why in 1681 Louis XIV, the Sun King, appointed Colbert, the most important purchaser of artwork, to set up the Louvre (the museum was opened to the public in 1793, during the French Revolution).

During the same period, however, collecting ceased to be the exclusive domain of the chosen few; less expensive and demanding collections appeared, within the financial reach of the gentry and, above all, the emerging bourgeoisie.

This trend emerged first of all in the Netherlands, where the bourgeoisie was richer and the Calvinist ethics stronger, according to which success was considered a tangible sign of divine benevolence towards the individual. As opposed to the Catholic environment, money was not considered "the devil's excrement" and wealth – also represented by the ownership of artwork – was flaunted with pride rather than embarrassment.

Above all, people collected landscapes, battle scenes, still lifes, portraits and interior scenes, such as the works that Jan Vermeer painted for his wealthy patron Pieter van Ruijven. Artists catered to the requests of these new buyers by offering a new "product" to the middle classes, generally represented by merchants who often traveled. Along with the choice of subjects – no longer exclusively religious, as in the Calvinist mentality the representation of saints was viewed with suspicion – the very size of paintings changed, because smaller paintings were easier to place, handier to transport and more readily traded. Alongside *antiquarians*, the scholars of antiquity who often collected such works, the 17th century saw the emergence of the figure of the well-versed *amateur*, whose expertise was not based on specific technical or professional knowledge, but on great familiarity with the artists and their works. We are talking about a connoisseur with sophisticated tastes, able to put his skills at the service of collectors – some of whom members of the bourgeoisie – and influence their purchases. One example is Cassiano dal Pozzo, a member of the Accademia della Crusca and the Accademia dei Lincei, who can also be credited with applying the nickname "Gioconda" to Leonardo's most famous portrait: the *Mona Lisa*. A great friend and supporter of Pietro da Cortona and Poussin, he is remembered above all for the Museo Cartaceo, an archive with a collection of drawings of all known antiquities. Similar figures organized the first proper art exhibitions, which appeared in the first half of the 17th century. This is why painters – chiefly the Dutch ones known as Bamboccianti, because they were the followers of Pierre van Laer, nicknamed "il Bamboccio" because of his childlike appearance or, possibly, a physical deformity – became so popular among the nobility, and the upper middle classes who were keen on elevating their social status.

The Roman Michelangelo Cerquozzi, who was in the service of the Colonna family, was also widely esteemed among art merchants; he was a genre painter whose subjects were anonymous figures – the cobbler, the card players – who represented the lives of ordinary people in 17th-century Italy.

This school typically portrayed scenes from everyday life in papal Rome, above all the populace living in the shadows of the antique Roman ruins at the margins of society: pimps, thieves, bettors and card sharps, prostitutes and beggars.

The works of the Bamboccianti were instantly successful among new collectors, who filled their picture galleries and rooms with those small canvases. This is confirmed by Salvator Rosa, who wrote: "E questi quadri son tanto apprezzati / che si vedon de' Grandi entro gli studi / di superbi ornamenti incorniciati." Thanks to Louis Le Nain, who after a stay in Rome founded a similar colony in Paris, the paintings of the Bamboccianti were widely collected in France as well.

In the 18th century, the evolution of Italian culture, both lay and ecclesiastical, encouraged collecting, and collectors were viewed as scholars and historiographers driven by the desire to document Italian civilization through scientific organization and visible examples. Indeed, a nationalistic drive began to emerge among numerous men of letters during the Enlightenment.

In particular, collecting played an important role in promoting the recovery, in the historical-documentary sense, of the medieval world, and of art forms that had been underestimated until then, but now seemed fundamental to understand the origins of our modern civilization.

In any event, it is important to underscore that it was in the 18th century that the need for a public management of historical and artistic assets unequivocally emerged. The Enlightenment fostered the conviction that all human beings are capable of grasping reality from a rational standpoint, and this led to the acknowledgement of the fundamental rights of man. This concept was embraced by enlightened rulers, in line with the new educational and cultural issues, who understood the extraordinary importance of the visual arts as a vehicle of communication with their subjects.

To make collections known, both private and dynastic museums were opened to the public. In 1734, Clement XIII founded the Capitoline Museum in Rome. Museums, theatres, libraries and academies became the main instruments of intellectual education for the new middle classes, and of diffusion of an increasingly widespread culture.

It would be the definitive rise of the middle class, whose aesthetic and critical sense had become consolidated and sophisticated, that would lead to a further expansion of private collecting in 19th-century Europe, while great public art and science museums were established. Besides, many of them were able to enrich their collections when, thanks to the Napoleonic laws confiscating church property, an enormous number of interesting works appeared on the market.

Art merchants played a leading role in all of this, not only as advisers trusted by the middle classes but also as treasure discoverers, because their taste was uninfluenced by ideological superstructures. Their main source of works was Venice, in the throes of an economic crisis by this time, where they acted as intermediaries between Venetian families that had fallen on hard times and buyers, above all foreigners.

It is clear that, alongside a passion for art, there was also the desire to invest capital. Consequently, some of the main Italian collections came into existence, such as those of Giacomo Carrara in Bergamo, Teodoro Correr in Venice, Federico Stibbert in Florence and Gaetano Filangieri in Naples. Important private collections were also established in other European countries, such as the Wallace Collection in London and the Musée Jacquemart-André in Paris. Nevertheless, this trend soared to astonishing heights in the New World towards the end of the century, as many American magnates, who had amassed enormous wealth, did not want to pale with respect to Europeans; and so they began to build up extraordinary collections, notably those of Paul Getty in California and Isabella Stewart Gardner in Boston. New York, which yearned to be more that just a business and financial center, saw the emergence of numerous collections, such as those of John Pierpont Morgan, who collected ancient music and was even able to afford the original Gutenberg Bible, Henry Clay Frick, the "king of steel" who was a sophisticated autodidact with a passion for French and Dutch art, and Solomon Guggenheim, who wanted the building destined to hold his collections of contemporary art to be a masterpiece and thus turned to the brilliant architect Frank Lloyd Wright. And then there was the visual overview of art history created at The Cloisters, thanks to the European travels and acquisitions of the entire Rockefeller family.

Nevertheless, collecting became a mass phenomenon only in the 20th century, as a result of the increased diffusion of wealth and culture, and the idea of collecting as a safe investment finally made inroads. Interestingly, even the Wall Street crash of 1929 failed to affect the art market and, similarly, auctions commanded astonishing prices during the oil crisis of 1972 and up to 1982; the value of art rose at that time by over 230%, whereas the stock market remained at a standstill for a decade. Likewise, after 9/11 the evaluation of artwork rose by around 30%, while the stock market dropped by approximately 50%. In any case, true collectors are never motivated by "investment" alone: collecting is an economic and social phenomenon with countless interesting psychological implications.

Freud as collector of ancient art

One of the surprising and little-known facts about the life of the father of psychoanalysis is that, despite financial difficulties, he was an avid collector of ancient art for more than 40 years. This was not merely a hobby cultivated in his later years but a full-fledged passion, a fascination that was one of the leitmotifs of his entire life. By his own admission, it was "an addiction second in intensity only to [his] nicotine addiction," generated by his immense love for culture and classical literature, and therefore for archaeology as well. He even confessed that sometimes he read more archaeology essays than psychological treatises.

Sigismund Schlomo (in Hebrew, "the wiseman") arrived in Vienna at just four years of age, but always felt suffocated by the city and was instead enamored of Italy, which he defined as "the land of dreams." He greatly enjoyed traveling to Rome and Athens, and his visits to the Vatican Museums and the Acropolis, as well as to the Metropolitan Museum in New York, were unforgettable experiences for him. Freud, then, felt an "antiquarian urge," a symptom or "addiction" that may have stemmed from the impression left on him when, to his great surprise, he found "a museum" in the home of Jean-Martin Charcot, the great Parisian neurologist whose lessons he attended thanks to a scholarship, and who launched his interest in psychopathology. However, it may also have been sparked by his visit to the Louvre's marvelous antiquities.

For the rest of his life he would add to a growing collection that ended up numbering around 2000 pieces, all of which were crammed in his study to "frame" his everyday life. He owned original prints purchased in Italy and a vast collection of ancient objects and figurines (Roman, Greek, Oriental and more), now at the museums dedicated to him in Vienna and London. When the Nazi racial laws forced him to go into exile in London, he managed to take his collection of antiquities with him, thanks to the ransom paid by Princess Marie Bonaparte to the Germans. With palpable relief, he wrote, "All the Egyptians, Chinese and Greeks have arrived; they have survived the journey virtually undamaged."

With the spirit of the archaeologist, digging untiringly to unearth and patiently reconstruct the past (he constantly used the archaeological metaphor to describe the psychoanalytical method), Freud combined his research into psychological processes with the satisfaction of his own childlike and secret desires, which would accompany him for the rest of his life: collecting ancient artifacts and traveling to Italy. Having carefully analyzed this phenomenon, he arrived at the conclusion that collecting is simply a retentive tendency going back to the anal stage of psychic development, an attitude that can become obsessive or, in other words, an ancient ritual whose purpose is to fight aggressive and sexual impulses.

As early as 1895, in his *Studies on Hysteria*, Freud introduced the comparison between "the procedure of clearing away layer by layer" suppressed memories of traumatic events or, in other words, the analysis work he was conducting with his patients, and "the technique of excavating a buried city," i.e. the work of the archaeologist. As he would famously exclaim at a lecture in 1896, "Saxa loquuntur!" For him, a man committed to explaining neuroses, the "great works of art of the psychical nature," archaeological discoveries and ancient artifacts offered tangible proof of the conservation of indelible traces of the past in the individual's unconscious; and it was possible to discover them through a method – psychoanalysis – similar to that of the archaeologist, reinserting seemingly commonplace fragments into an affective context of meaning.

The symbol of the relationship between Freudian psychoanalysis and antiquities, as well as literature, is a famous bas-relief from the second century AD, known as the *Gradiva*, a reproduction of which Freud kept in his study wherever he lived. It was also the subject of one of his famous works, in which he analyzed the novel by the same name penned by Wilhelm Jensen.

In the story, the leading character, the archaeologist Norbert Hanold, discovers a bas-relief in a museum in Rome, and is is so struck by it that he decides to obtain a plaster cast of the work and name it Gradiva, the walking woman; and indeed, the female figure is represented as she moves with such natural grace that she seems to be alive. Hanold begins to feel attracted towards her and a short time later his emotions are revealed in a distressing dream against the backdrop of the eruption of Mount Vesuvius. In reality – Freud explained – the cataclysm of Pompeii represents a terrible trauma that occurred in Hanold's past and that he unconsciously attempts to reactualize, in order to change the course of events. The *Gradiva* is the Wandering Statue, the Sphinx, the Image that captures all vital energies. The leading character is healed when he manages to free himself from the power of the statue, because he recognizes that she represents Zoë Bertgang, his childhood friend; and so he shifts his feelings from the stone woman to the woman of flesh and blood, breaking – through actualization in the present – the circle of his delirium.

Minor collecting

Over the past two decades or so, the passion for collecting "objects" has evolved and expanded enormously, reaching an ever larger public, also because it has become far easier to look for that "missing piece." In fact, the immense virtual market of the Internet now allows us to buy, trade and sell anything. It has been calculated that e-commerce in Italy has risen from a value of 343 million euros in 2000 to 4.091 billion in 2006. In other words, in this short span of time it has grown exponentially!

As a result, "unusual" or "odd" collections have been created, requiring only a very modest startup investment. For example, the advent of merchandising and gadgets, often given away together with the product by major industries, particularly the food industry, has made it possible to select and collect a wide variety of objects that are generally thrown out after use. They are objects that are "signed" either with the name of the company or the brand, and they attract even budding collectors, such as the figurines by a famous producer of small chocolate eggs.

Market surveys tell us that, among the collectors who use the Internet, there is one woman for every two male enthusiasts. This is natural, if we consider that there is a clear cultural legacy that instills individualism and a sense of ownership in men, whereas women tend to favor human relationships: as a result, for their purchases they prefer the small flea markets that now prosper in all cities and towns, above all those specializing in modern collectibles.

Modernist collectors collect anything produced with innovative materials such as aluminum, copper and all kinds of plastic from the turn of the 20th century to the beginning of the new millennium: from radios and lamps to an immense array of furniture and household objects, and all sorts of men's accessories such as eyewear, watches and lighters. Women tend to seek clothing, handbags, shoes, hats, and fine and costume jewelry alike: all strictly vintage, of course. The English word "vintage," which literally means "grape harvest" and alludes to wine production, is now used everywhere around the world, as is the case with countless other words in our globalized era.

The fad of vintage items, which originated in England and the United States – very stratified societies in which there is always someone who can use others' castoffs –, has become very popular in Italy as well. It is a trend that involves reusing period clothes and updating them in countless ways, but without altering their timeless taste and beauty.

Rejection of the standardization engendered by ready-to-wear – which is the same for everyone – is becoming more and more common, and growing numbers of people, young and old, prefer to customize their clothing and image by creatively mixing styles and eras, wearing new garments together with vintage items. People are rediscovering the fashion of the second half of the 20th century, when the quality of the fabrics was better and things were made by hand, when less industrialized products meant that not only haute-couture pieces but also garments by the local dressmaker were minor masterpieces of applied art, and when hems, buttonholes and embroidery revealed care and attention to the smallest detail, and not only to the cut of the clothes.

Those who have saved the creations of Chanel, Capucci, Pucci and Dior from the Sixties, or the dresses and accessories of their mothers and grandmothers, consider them family treasures that should not be hidden in the back of their wardrobe, but deserve instead to be proudly worn and showed off, like a lovely Capodimonte porcelain figurine inherited from grandma.

American costume jewelry undoubtedly represents one of the most widely collected vintage items today, and brooches, which do not pose the problem of size or allergies, are at the top of the list. As far as brooches are concerned, Italian women – though there are also male enthusiasts – are among Europe's most passionate researchers and collectors. This is due also to the fact that the designers and producers of what are commonly referred to as the "jewelry of the stars" included a number of minor "Michelangelos" who emigrated from Italy to the United States between the late 19th century and the second half of the 20th century. Thanks to their lively creativity and sophisticated craftmanship, the beauty of their works enchanted women on all social levels, from housewives to the most famous women, such as the Duchess of Windsor and Jackie Kennedy, true icons of style and elegance.

The story of Gustavo Trifari, one of the creators of the best-known and most widely collected brands, is emblematic. He left the docks of Naples with a modest cardboard suitcase and managed to live the American dream, bringing his creations to no less than the White House:in fact, for both of the balls celebrating her husband's inauguration as president, Mamie Eisenhower wore a simple set of glass pearls and rhinestones by Trifari, which it is now at the Smithsonian Institution in Washington, D.C.

And let's not forget Camille (Millie) Petronzio, whose family hailed from Cinquefrondi, a village in the province of Reggio Calabria. Working for the prestigious Miriam Haskell company, she designed the costume jewelry for the actresses in the multiple-award-winning film *Titanic*.

Because of their astonishing variety of styles, subjects and materials, today these "faux" ornaments are acknowledged as an elegant alternative to fine jewelry and, as such, are socially accepted. Poor but beautiful, they are the outcome of semi-industrial production, and meticulous handcrafted finishes make them so attractive that they can hold their own against nobler jewelry. Indeed, they are considered "precious" by growing numbers of collectors, particularly if made by Miriam Haskell, Coro, Trifari and Kenneth Jay Lane.

Furthermore – and this is important as well – we can still go looking for these small treasures today without putting a serious dent in our wallets. After all, in the age of democracy we must not forget that "diamonds are forever but rhinestones are for everyone." This has always been the motto of Peter Di Cristofaro, founder of the Providence Jewelry Museum, in the capital of the state of Rhode Island, and of costume jewelry.

Increasingly prestigious venues have hosted extremely successful exhibitions of collections of vintage American costume jewelry, and fine antique dealers display these pieces alongside antiques, because it is clear that behind these items, considered products of the minor arts and thus the object of minor collecting, we can discover fascinating artistic, historical and anthropological aspects that are by no means negligible.

Those who decide to collect costume jewelry face just one difficulty: choosing what to collect, for there are so many themes and subjects worth exploring. In the pages that follow we will suggest a few of those that have most captivated men and women alike. We have chosen them above all because, in most cases, those who collect them do not merely place them into a glass cabinet but wear them with pleasure, delighting and intriguing every beholder.

Maria Teresa Cannizzaro

Natale

L'uso di indossare durante l'intero periodo dell'Avvento gioielli di soggetto natalizio, nato nella multietnica e multireligiosa società statunitense, si è ormai diffuso anche in Italia, dove soprattutto i pezzi d'epoca sono molto ricercati.

Il soggetto che più ha stimolato la fantasia dei disegnatori è sicuramente l'abete. Ai piedi di un abete era nato, secondo i Fenici, il dio Adone; l'abete era sacro, per i Greci, ad Artemide, protettrice delle nascite; addobbato già in epoca medievale per festeggiare il solstizio d'inverno, negli Stati Uniti l'abete diventa una spilla decorata con cristalli Swarovski grazie alle abili mani di Pellegrino Gaeta, in arte Pell; diventa un ricamo di fili di russian gold e perline con Millie Petronzio; diventa, per il marchio Jonette Jewelry ("JJ"), un motivo che ricorda John e Etta, suoi fondatori.

L'italianissimo Trifari immortala nel rodio o nel metallo dorato anche il vischio, panacea che guarisce da ogni male; o l'agrifoglio, talismano vegetale che allontana i malefici e protegge dai roditori i cibi essiccati; o la "stella di Natale", ossia il fiore che prende il nome di poinsezia dall'ambasciatore statunitense Joel R. Poinsett che, affascinato dal suo colore rosso splendente, la importò dal Messico. Naturalmente non manca Babbo Natale, il buon vecchio rubizzo il cui nome, Santa Claus, rivela il legame con san Nicola elargitore di doni ai bisognosi, da sempre venerato dai cristiani sia in Occidente sia in Oriente. Negli Stati Uniti Santa Claus fa la sua prima apparizione pubblica nel 1863: in una vignetta del celebre illustratore Thomas Nast distribuisce regali ai soldati durante la Guerra Civile. Ma quelle fattezze e quei colori che fanno parte del nostro immaginario collettivo li acquisisce solo quando la Coca-Cola, negli anni Venti, lo utilizzerà per la propria pubblicità.

Centinaia sono i soggetti e ancora più numerosi i modelli che si possono collezionare, firmati e non, dei materiali più diversi, plastica e stoffa comprese.

Christmas

The custom of wearing Christmas jewelry throughout Advent originated with America's multiethnic society of different faiths, and has now spread to other countries such as Italy, where vintage pieces are particularly in demand.

The subject that has sparked the imagination of designers more than any other is unquestionably the fir tree. The god Adonis, according to the Phoenicians, was born under a fir-tree. Among the Greeks, this tree was sacred to Artemis, protectress of childbirth. During the Middle Ages it would be decorated to celebrate the winter solstice, and in the United States it was transformed into a brooch adorned with Swarovski crystals thanks to the talented hands of Pellegrino Gaeta, known as Pell. With Millie Petronzio it became an embroidery of Russian gold threads and beads, while for the Jonette Jewelry brand ("JJ") it was turned into a motif evoking the company founders, John and Etta.

The Italian-born Trifari used rhodium and gold-plated metal to immortalize mistletoe, the panacea that cures all maladies, and holly, a talisman that wards off evil and protects dried foods from rodents. And then there is the poinsettia, the flower named after the United States ambassador Joel R. Poinsett, who was so fascinated by its stunning red petals that he imported it from Mexico. Naturally, there is also Santa Claus, the rubicund old gentleman whose name is derived from St. Nicholas, who became known for giving gifts to the needy and has long been venerated by Western and Eastern Christians alike. In the United States Santa Claus made his first public appearance in 1863: in a cartoon by the famous Thomas Nast, he hands out gifts to soldiers during the Civil War. Nevertheless, his traits and colors as we know them today, and which are now part of our collective imagination, did not arise until the 1920s, when Coca-Cola decided to use Santa Claus for its ads.

There are hundreds of subjects – and an even larger number of models – that can be collected, some signed and other anonymous, made of an astonishing variety of materials, including plastic and fabric.

Spilla, Stati Uniti, 1970 ca., metallo
rodiato e dorato.

*Brooch, United States, c. 1970,
rhodium-plated and gilded metal.*

Casa con slitta mobile. Spilla, Stati Uniti, 1950 ca., metallo dorato, smalto policromo.

House with moving sleigh. Brooch, United States, c. 1950, gilded metal, multicolored enamel.

Spilla punzonata JJ, Stati Uniti, 1985,
peltro, smalto policromo.

*Brooch, stamped JJ, United States,
1985, pewter, multicolored enamel.*

Spilla punzonata JJ, Stati Uniti,
1985, peltro, smalto policromo.

*Brooch, stamped JJ, United States,
1985, pewter, multicolored
enamel.*

Canto di Natale. Spilla, Stati Uniti,
1970 ca., plastica policroma.

*Christmas carol. Brooch, United States,
c. 1970, multicolored plastic.*

Spilla, Stati Uniti, 1960 ca., metallo dorato, smalto e Swarovski policromi.

Brooch, United States, c. 1960, gilded metal, multicolored enamel and Swarovski rhinestones.

Spilla, Stati Uniti, 1970 ca., plastica policroma.

Brooch, United States, c. 1970, multicolored plastic.

Tre spille, Stati Uniti, 1970 ca.,
plastica policroma.

*Three brooches, United States,
c. 1970, multicolored plastic.*

42

Happy Holidays
Lead Free

Orecchini pendenti su cartoncino
augurale, Stati Uniti, 1975 ca., metallo
inalterabile senza piombo, smalto
policromo.

*Drop earrings on Christmas mailer,
United States, c. 1975, lead-free
unalterable metal, multicolored enamel.*

Tre spille, Stati Uniti, 1970 ca., plastica policroma.

Three brooches, United States, c. 1970, multicolored plastic.

Orecchini, Stati Uniti, 1960 ca., metallo dorato, smalto, Swarovski.

Earrings, United States, c. 1960, gilded metal, enamel, Swarovski rhinestones.

Tre spille punzonate Trifari, Stati Uniti,
1960 ca., metallo rodiato e dorato,
pasta di vetro e Swarovski bianchi.

*Three brooches, stamped Trifari, United
States, c. 1960, rhodium-plated
and gilded metal, pâte de verre, white
Swarovski rhinestones.*

Set spilla e orecchini punzonati Trifari, Stati Uniti, 1960 ca., metallo dorato, Swarovski verdi, blu e rossi.

Brooch and earrings set, stamped Trifari, United States, c. 1960, gilded metal, green, blue and red Swarovski rhinestones.

Spilla punzonata Trifari, Stati Uniti,
1960 ca., metallo dorato, Swarovski
rossi, blu e verdi.

*Brooch, stamped Trifari, United States,
c. 1960, gilded metal, red, blue
and green Swarovski rhinestones.*

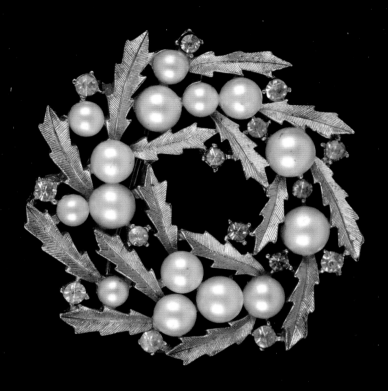

Spilla punzonata Trifari, Stati Uniti,
1960 ca., metallo dorato, perle
simulate, Swarovski bianchi.

*Brooch, stamped Trifari, United States,
c. 1960, gilded metal, imitation pearls,
white Swarovski rhinestones.*

Spilla punzonata Trifari, Stati Uniti, 1960 ca., metallo dorato, perle simulate.

Brooch, stamped Trifari, United States, c. 1960, gilded metal, imitation pearls.

49

Set spilla e orecchini punzonati Trifari, Stati Uniti, 1960 ca., metallo dorato, smalto rosso, perle simulate.

Brooch and earrings set, stamped Trifari, United States, c. 1960, gilded metal, red enamel, imitation pearls.

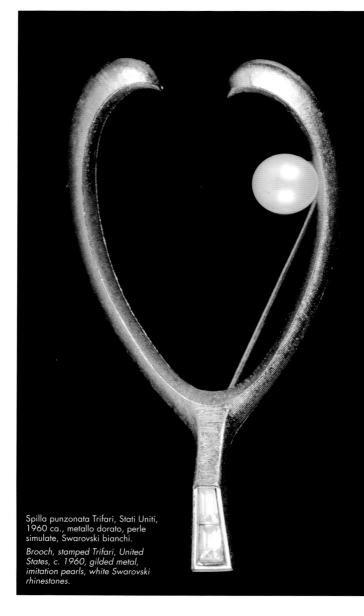

Spilla punzonata Trifari, Stati Uniti,
1960 ca., metallo dorato, perle
simulate, Swarovski bianchi.

*Brooch, stamped Trifari, United
States, c. 1960, gilded metal,
imitation pearls, white Swarovski
rhinestones.*

51

Set bracciale e spilla punzonati Trifari, Stati Uniti, 1960 ca., metallo dorato, perle simulate, Swarovski bianchi.

Bracelet and brooch set, stamped Trifari, United States, c. 1960, gilded metal, imitation pearls, white Swarovski rhinestones.

Set spilla e orecchini punzonati
Trifari, Stati Uniti, 1960 ca.,
metallo dorato, perle simulate,
Swarovski bianchi.

*Brooch and earrings set, stamped
Trifari, United States, c. 1960,
gilded metal, imitation pearls,
white Swarovski rhinestones.*

Due spille punzonate Trifari, Stati Uniti, 1960 ca., metallo dorato, perle simulate.

Two brooches, stamped Trifari, United States, c. 1960, gilded metal, imitation pearls.

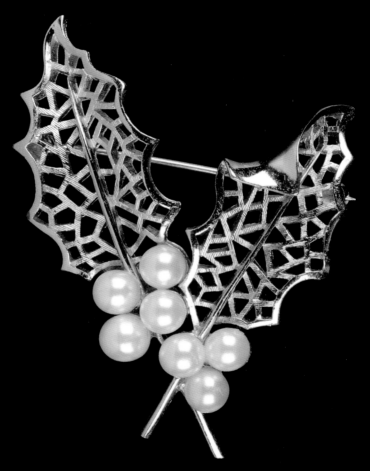

Spilla punzonata Trifari, Stati Uniti,
1960 ca., metallo dorato, perle
simulate.

*Brooch, stamped Trifari, United
States, c. 1960, gilded metal,
imitation pearls.*

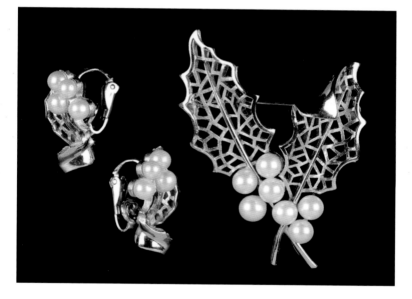

Set spilla e orecchini punzonati
Trifari, Stati Uniti, 1960 ca.,
metallo rodiato, perle simulate.

Brooch and earrings set, stamped
Trifari, United States, c. 1960,
rhodium-plated metal, imitation
pearls.

Set spilla e orecchini, Stati Uniti,
1950 ca., metallo dorato, smalto
verde, pasta di vetro rossa.

*Brooch and earrings set, United
States, c. 1950, gilded metal,
green enamel, red pâte de verre.*

Spilla per bavaglino, Stati Uniti, 1950
ca., metallo dorato, resina rossa,
smalto verde.

*Bib pin, United States, c. 1950, gilded
metal, red resin, green enamel.*

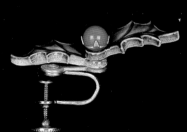

Orecchini, Stati Uniti, 1930 ca.,
celluloide policroma.

*Earrings, United States, c. 1930,
multicolored celluloid.*

Orecchini, Stati Uniti, 1950 ca.,
metallo rodiato, smalto verde,
resina rossa.

*Earrings, United States, c. 1950,
rhodium-plated metal, green
enamel, red resin.*

Set girocollo e orecchini, Stati Uniti, 1950 ca., metallo rodiato, smalto verde, resina rossa.

Necklace and earrings set, United States, c. 1950, rhodium-plated metal, green enamel, red resin.

Spilla, Stati Uniti, 1960 ca.,
metallo dorato, resina rossa.

Brooch, United States, c. 1960,
gilded metal, red resin.

Due spille, Stati Uniti, 1930
ca., metallo dorato, peltro,
smalto policromo.

*Two brooches, United States,
c. 1930, gilded metal,
pewter, multicolored enamel.*

Spilla, Stati Uniti, 1960 ca., metallo
dorato, smalto verde, resina rossa.

*Brooch, United States, c. 1960, gilded
metal, green enamel, red resin.*

60

Spilla, Stati Uniti, 1950 ca.,
metallo dorato, smalto policromo.

Brooch, United States, c. 1950,
gilded metal, multicolored enamel.

Set spilla e orecchini, Stati Uniti,
1950 ca., metallo dorato, smalto
bianco, Swarovski verdi.

*Brooch and earrings set, United
States, c. 1950, gilded metal,
white enamel, green Swarovski
rhinestones.*

Spilla con pendente raffigurante
una Madonna, Stati Uniti, 1950 ca.,
metallo rodiato, smalto e Swarovski
policromi.

*Brooch with Madonna medal, United
States, c. 1950, rhodium-plated metal,
multicolored enamel and Swarovski
rhinestones.*

Due spille, Stati Uniti, 1950 ca.,
metallo dorato e brunito, resina rossa,
smalto e Swarovski policromi.

Two brooches, United States,
c. 1950, gilded and burnished metal,
red resin, multicolored enamel
and Swarovski rhinestones.

Spilla, Stati Uniti, 1970 ca., smalto rosso
e verde, Swarovski bianchi e rossi.

*Brooch, United States, c. 1970, red and
green enamel, white and red Swarovski
rhinestones.*

Tre spille punzonate Pell, Stati Uniti, 1960
ca., metallo rodiato e dorato, Swarovski
policromi.

*Three brooches, stamped Pell, United
States, c. 1960, rhodium-plated
and gilded metal, multicolored Swarovski
rhinestones.*

Orecchini, Stati Uniti, 1960 ca., metallo dorato, smalto rosso e verde, Swarovski bianchi.

Earrings, United States, c. 1960, gilded metal, red and green enamel, white Swarovski rhinestones.

Quattro spille punzonate Pell, Stati
Uniti, 1960 ca., metallo rodiato
e dorato, gunmetal, Swarovski
policromi.

*Four brooches, stamped Pell, United
States, c. 1960, rhodium-plated
and gilded metal, gunmetal,
multicolored Swarovski rhinestones.*

Due spille punzonate Pell, Stati Uniti,
1960 ca., metallo rodiato, dorato
e brunito, perle simulate, Swarovski
policromi.

*Two brooches, stamped Pell, United
States, c. 1960, rhodium-plated, gilded
and burnished metal, imitation pearls,
multicolored Swarovski rhinestones.*

Tre spille punzonate Pell, Stati Uniti,
1960 ca., metallo rodiato, dorato
e brunito, Swarovski policromi.

*Three brooches, stamped Pell, United
States, c. 1960, rhodium-plated,
gilded and burnished metal,
multicolored Swarovski rhinestones.*

Due spille punzonate Pell, Stati Uniti, 1960 ca., metallo dorato, Swarovski policromi.

Two brooches, stamped Pell, United States, c. 1960, gilded metal, multicolored Swarovski rhinestones.

Due spille punzonate Pell, Stati
Uniti, 1960 ca., metallo dorato,
Swarovski policromi.

*Two brooches, stamped Pell,
United States, c. 1960, gilded
metal, multicolored Swarovski
rhinestones.*

Due spille punzonate Pell, Stati
Uniti, 1960 ca., metallo dorato,
Swarovski policromi.

*Two brooches, stamped Pell,
United States, c. 1960, gilded
metal, multicolored Swarovski
rhinestones.*

Tre spille punzonate Pell, Stati Uniti,
1960 ca., metallo rodiato e dorato,
gunmetal, Swarovski policromi.

*Three brooches, stamped Pell, United
States, c. 1960, rhodium-plated
and gilded metal, gunmetal,
multicolored Swarovski rhinestones.*

Due spille punzonate Pell, Stati Uniti,
1960 ca., metallo dorato, Swarovski
policromi.

*Two brooches, stamped Pell, United
States, c. 1960, gilded metal,
multicolored Swarovski rhinestones.*

Spilla punzonata Pell, Stati Uniti,
1960 ca., metallo dorato
e brunito, Swarovski policromi.

*Brooch, stamped Pell, United
States, c. 1960, gilded
and burnished metal, multicolored
Swarovski rhinestones.*

Due spille punzonate Pell, Stati Uniti, 1960 ca., metallo dorato e brunito, Swarovski policromi.

Two brooches, stamped Pell, United States, c. 1960, gilded and burnished metal, multicolored Swarovski rhinestones.

Tre spille punzonate Pell, Stati
Uniti, 1960 ca., metallo dorato,
Swarovski policromi.

*Three brooches, stamped Pell,
United States, c. 1960, gilded
metal, multicolored Swarovski
rhinestones.*

Tre spille punzonate Pell, Stati
Uniti, 1960 ca., metallo rodiato,
dorato e brunito, Swarovski
policromi.

*Three brooches, stamped Pell,
United States, c. 1960, rhodium-
plated, gilded and burnished
metal, multicolored Swarovski
rhinestones.*

Tre spille punzonate Pell, Stati
Uniti, 1960 ca., metallo dorato,
Swarovski policromi.

*Three brooches, stamped Pell,
United States, c. 1960, gilded
metal, multicolored Swarovski
rhinestones.*

Tre spille punzonate Pell, Stati
Uniti, 1960 ca., metallo dorato,
perle simulate, Swarovski
policromi.

*Three brooches, stamped
Pell, United States, c. 1960,
gilded metal, imitation pearls,
multicolored Swarovski
rhinestones.*

82

Spilla punzonata Pell, Stati
Uniti, 1960 ca., metallo dorato,
Swarovski policromi.

*Brooch, stamped Pell, United
States, c. 1960, gilded
metal, multicolored Swarovski
rhinestones.*

Spilla, Stati Uniti, 1960 ca.,
metallo dorato chiaro,
Swarovski rossi e verdi.

*Brooch, United States,
c. 1960, light gilded metal,
green and red Swarovski
rhinestones.*

Spilla, Stati Uniti, 1960 ca.,
metallo dorato, Swarovski rossi
e verdi.

*Brooch, United States, c. 1960,
gilded metal, red and green
Swarovski rhinestones.*

Grande corona natalizia. Spilla
punzonata Coro, Stati Uniti, 1950 ca.,
metallo dorato, smalto verde e rosso.

*Large holly wreath. Brooch, stamped
Coro, United States, c. 1950, gilded
metal, green and red enamel.*

Spilla, Stati Uniti, 1960 ca.,
metallo dorato, smalto rosso
e verde, Swarovski rossi e blu.

*Brooch, United States, c. 1960,
gilded metal, red and green
enamel, red and blue Swarovski
rhinestones.*

Spilla, Stati Uniti, 1960 ca.,
metallo dorato, smalto rosso.

*Brooch, United States, c. 1960,
gilded metal, red enamel.*

Spilla punzonata Craft, Stati Uniti,
1970 ca., metallo dorato, smalto
e Swarovski policromi.

Brooch, stamped Craft, United States,
c. 1970, gilded metal, multicolored
enamel and Swarovski rhinestones.

Due spille punzonate Craft, Stati Uniti,
1970 ca., metallo rodiato e dorato,
Swarovski policromi.

*Two brooches, stamped Craft, United
States, c. 1970, rhodium-plated
and gilded metal, multicolored
Swarovski rhinestones.*

Spilla punzonata Craft, Stati Uniti,
1970 ca., metallo dorato.

*Brooch, stamped Craft, United
States, c. 1970, gilded metal.*

Due spille punzonate Craft, Stati
Uniti, 1970 ca., metallo dorato
e rodiato, Swarovski policromi.

*Two brooches, stamped
Craft, United States, c. 1970,
rhodium-plated and gilded
metal, multicolored Swarovski
rhinestones.*

Spilla punzonata Craft, Stati Uniti,
1970 ca., metallo rodiato
e dorato, perle simulate.

*Brooch, stamped Craft, United
States, c. 1970, rhodium-plated
and gilded metal, imitation pearls.*

Tre spille punzonate Craft, Stati
Uniti, 1970 ca., rodio, smalto
verde, Swarovski bianchi.

*Three brooches, stamped Craft,
United States, c. 1970, rhodium,
green enamel, white Swarovski
rhinestones.*

Due spille punzonate Craft, Stati
Uniti, 1970 ca., rodio, smalto
verde, Swarovski bianchi.

*Two brooches, stamped Craft,
United States, c. 1970, rhodium,
green enamel and white
Swarovski rhinestones.*

Due spille punzonate Craft, Stati
Uniti, 1970 ca., metallo dorato,
Swarovski policromi.

*Two brooches, stamped Craft,
United States, c. 1970, gilded
metal, multicolored Swarovski
rhinestones.*

Spilla punzonata Craft, Stati Uniti,
1970 ca., rodio, cristalli pendenti
Swarovski.

*Brooch, stamped Craft, United
States, c. 1970, rhodium,
dangling Swarovski crystals.*

Spilla punzonata Craft, Stati Uniti,
1970 ca., metallo dorato, smalto
verde, Swarovski bianchi e verdi.

*Brooch, stamped Craft, United
States, c. 1970, gilded metal,
green enamel, white and green
Swarovski rhinestones.*

Joy. Spilla, Stati Uniti, 1980 ca.,
metallo dorato, smalto policromo,
resina rossa.
Joy. Brooch, United States,
c. 1980, gilded metal,
multicolored enamel, red resin.

Due spille, Stati Uniti, 1960 ca.,
metallo rodiato e dorato, smalto
e Swarovski policromi.

*Two brooches, United States,
c. 1960, rhodium-plated
and gilded metal,
multicolored enamel
and Swarovski rhinestones.*

Spilla, Stati Uniti, 1980 ca.,
metallo dorato chiaro, strass
policromi.

*Brooch, United States, c. 1980,
light gilded metal, multicolored
rhinestones.*

Tre spille, Stati Uniti, 1960 ca.,
metallo dorato, smalto e Swarovski
policromi.

*Three brooches, United States,
c. 1960, gilded metal,
multicolored enamel
and Swarovski rhinestones.*

Due spille, Stati Uniti, 1960 ca.,
metallo dorato, smalto e Swarovski
policromi.

*Two brooches, United States,
c. 1960, gilded metal,
multicolored enamel
and Swarovski rhinestones.*

Due spille, Stati Uniti, 1960 ca.,
metallo dorato, smalto verde
e rosso, perle simulate, Swarovski
policromi.

*Two brooches, United States,
c. 1960, gilded metal, green
and red enamel, imitation
pearls, multicolored Swarovski
rhinestones.*

Spilla con pendente punzonata JJ, Stati Uniti,
1985, peltro, metallo dorato.

*Brooch with pendant, stamped JJ, United
States,1985, pewter, gilded metal.*

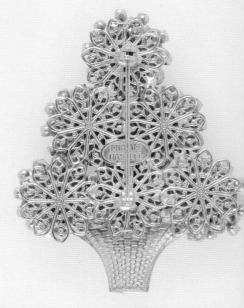

Spilla Millie Petronzio
per Miriam Haskell, Stati Uniti,
1970 ca., russian gold, Swarovski
policromi.

*Brooch Millie Petronzio
for Miriam Haskell, United States,
c. 1970, russian gold, multicolored
Swarovski rhinestones.*

Spilla Millie Petronzio
per Miriam Haskell, Stati Uniti,
1970 ca., russian gold, Swarovski
policromi.

*Brooch Millie Petronzio
for Miriam Haskell, United States,
c. 1970, russian gold, multicolored
Swarovski rhinestones.*

Spilla Millie Petronzio
per Miriam Haskell, Stati Uniti,
1970 ca., russian gold, Swarovski
policromi.

*Brooch Millie Petronzio
for Miriam Haskell, United States,
c. 1970, russian gold, multicolored
Swarovski rhinestones.*

104

Spilla Millie Petronzio per Miriam Haskell, Stati Uniti, 1970 ca., russian gold, navette Swarovski verdi, cristalli pendenti rossi.

Brooch Millie Petronzio for Miriam Haskell, United States, c. 1970, russian gold, green navette-cut Swarovski rhinestones, dangling red crystals.

105

Spilla Millie Petronzio
per Miriam Haskell, Stati
Uniti, 1970 ca., russian gold,
Swarovski policromi.

*Brooch Millie Petronzio
for Miriam Haskell, United
States, c. 1970, russian
gold, multicolored Swarovski
rhinestones.*

Spilla Millie Petronzio per Miriam Haskell, Stati Uniti, 1970 ca., russian gold, Swarovski verdi e rossi.

Brooch Millie Petronzio for Miriam Haskell, United States, c. 1970, russian gold, green and red Swarovski rhinestones.

Spilla Millie Petronzio
per Miriam Haskell, Stati
Uniti, 1970 ca., russian gold,
Swarovski rossi e bianchi.

*Brooch Millie Petronzio
for Miriam Haskell, United
States, c. 1970, russian gold,
red and white Swarovski
rhinestones.*

108

Spilla Millie Petronzio
per Miriam Haskell, Stati
Uniti, 1970 ca., russian gold,
Swarovski policromi.

*Brooch Millie Petronzio
for Miriam Haskell, United
States, c. 1970, russian gold,
green and white Swarovski
rhinestones.*

Spilla Millie Petronzio
per Miriam Haskell, Stati
Uniti, 1970 ca., russian gold,
perline veneziane verdi,
Swarovski bianchi e rossi.

*Brooch Millie Petronzio
for Miriam Haskell, United
States, c. 1970, russian gold,
green seed beads, white and
red Swarovski rhinestones.*

109

Spilla Millie Petronzio per Miriam Haskell, Stati Uniti, 1970 ca., russian gold, Swarovski verdi, a goccia e pendenti.

Brooch Millie Petronzio for Miriam Haskell, United States, c. 1970, russian gold, green, teardrop and dangling Swarovski rhinestones.

Spilla Millie Petronzio
per Miriam Haskell, Stati
Uniti, 1970 ca., russian gold,
Swarovski policromi.

*Brooch Millie Petronzio
for Miriam Haskell, United
States, c. 1970, russian
gold, multicolored Swarovski
rhinestones.*

111

Spilla Millie Petronzio
per Miriam Haskell, Stati
Uniti, 1970 ca., russian gold,
Swarovski bianchi.

*Brooch Millie Petronzio for
Miriam Haskell, United States,
c. 1970, russian gold, white
Swarovski rhinestones.*

113

Spilla Millie Petronzio
per Miriam Haskell, Stati
Uniti, 1970 ca., russian gold,
Swarovski bianchi, verdi
e rossi pendenti.

*Brooch Millie Petronzio
for Miriam Haskell, United
States, c. 1970, russian gold,
white, green and dangling
red Swarovski rhinestones.*

Spilla Millie Petronzio per Miriam Haskell, Stati Uniti, 1970 ca., russian gold, Swarovski quadrati policromi.

Brooch Millie Petronzio for Miriam Haskell, United States, c. 1970, russian gold, square multicolored Swarovski rhinestones.

114

Spilla Millie Petronzio
per Miriam Haskell, Stati
Uniti, 1970 ca., russian gold,
Swarovski rossi e bianchi
a baguette.

*Brooch Millie Petronzio
for Miriam Haskell, United
States, c. 1970, russian gold,
red and baguette-cut white
Swarovski rhinestones.*

Spilla Millie Petronzio
per Miriam Haskell, Stati
Uniti, 1970 ca., russian gold,
Swarovski verdi e bianchi
a goccia.

*Brooch Millie Petronzio
for Miriam Haskell, United
States, c. 1970, russian gold,
green and white teardrop
Swarovski rhinestones.*

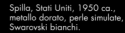

Spilla, Stati Uniti, 1950 ca.,
metallo dorato, perle simulate,
Swarovski bianchi.

*Brooch, United States, c. 1950,
gilded metal, imitation pearls,
white Swarovski rhinestones.*

Orecchini, Stati Uniti, 1950
ca., metallo rodiato, Swarovski
bianchi.

*Earrings, United States, c. 1950,
rhodium-plated metal, white
Swarovski rhinestones.*

Spilla punzonata Kenneth Jay
Lane, Stati Uniti, 1970 ca., metallo
dorato, Swarovski bianchi.

*Brooch, stamped Kenneth Jay
Lane, United States, c. 1970,
gilded metal, white Swarovski
rhinestones.*

119

Spilla con ciondoli, Stati Uniti, 1960 ca., metallo dorato lucido, smalto policromo.

Brooch with charms, United States, c. 1960, polished gilded metal, multicolored enamel.

Tre spille, Stati Uniti, 1960 ca.,
metallo dorato, smalto e Swarovski
policromi.

*Three brooches, United States,
c. 1960, gilded metal,
multicolored enamel
and Swarovski rhinestones.*

Spilla, Stati Uniti, 1960 ca., metallo
dorato, smalto e Swarovski policromi.

*Brooch, United States, c. 1960,
gilded metal, multicolored enamel
and Swarovski rhinestones.*

123

Tre spille, Stati Uniti, 1970 ca.,
metallo dorato, smalto e Swarovski
policromi.

Three brooches, United States,
c. 1970, gilded metal,
multicolored enamel
and Swarovski rhinestones.

Spilla su cartoncino augurale, Stati
Uniti, 1970 ca., metallo dorato,
smalto e Swarovski policromi.

Brooch on Christmas mailer,
United States, c. 1970, gilded
metal, multicolored enamel
and Swarovski rhinestones.

Due spille, Stati Uniti, 1970
ca., metallo dorato, smalto
e Swarovski policromi.

*Two brooches, United States,
c. 1970, gilded metal,
multicolored enamel
and Swarovski rhinestones.*

Spilla, Stati Uniti, 1970 ca.,
metallo dorato, Swarovski
policromi.

*Brooch, United States,
c. 1970, gilded metal,
multicolored Swarovski
rhinestones.*

Spilla, Stati Uniti, 1970 ca.,
metallo dorato, Swarovski
policromi.

*Brooch, United States,
c. 1970, gilded metal,
multicolored Swarovski
rhinestones.*

Spilla, Stati Uniti, 1970 ca.,
metallo dorato satinato, perle
simulate, Swarovski bianchi.

*Brooch, United States,
c. 1970, brushed gilded
metal, imitation pearls, white
Swarovski rhinestones.*

Spilla con pendente, Stati Uniti, 1970 ca., metallo dorato, Swarovski policromi.

Brooch with pendant, United States, c. 1970, gilded metal, multicolored Swarovski rhinestones.

Spilla, Stati Uniti, 1970 ca., metallo dorato, Swarovski policromi.

Brooch, United States, c. 1970, gilded metal, multicolored Swarovski rhinestones.

Spilla punzonata Monet, Stati Uniti, 1970 ca., metallo dorato, Swarovski policromi.

Brooch, stamped Monet, United States, c. 1970, gilded metal, multicolored Swarovski rhinestones.

Spilla, Stati Uniti, 1970 ca., metallo dorato.

Brooch, United States, c. 1970, gilded metal.

Spilla, Stati Uniti, 1970 ca., metallo dorato, Swarovski policromi.

Brooch, United States, c. 1970, gilded metal, multicolored Swarovski rhinestones.

Spilla punzonata Sarah Coventry,
Stati Uniti, 1960 ca., metallo dorato,
Swarovski "aurora borealis".

*Brooch, stamped Sarah Coventry,
United States, c. 1960, gilded
metal, aurora borealis Swarovski
rhinestones.*

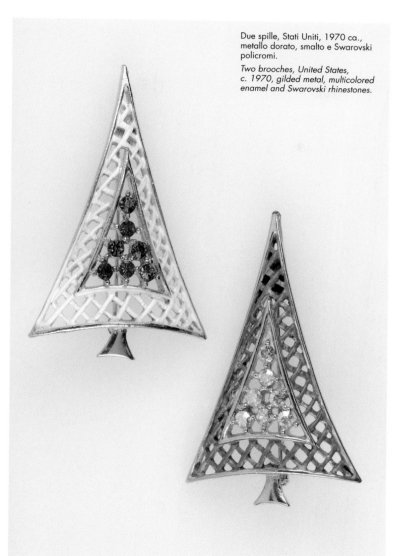

Due spille, Stati Uniti, 1970 ca., metallo dorato, smalto e Swarovski policromi.

Two brooches, United States, c. 1970, gilded metal, multicolored enamel and Swarovski rhinestones.

Spilla con pendente raffigurante
una Madonna, Stati Uniti, 1950 ca.,
porporina policroma, plastica verde,
metallo dorato.

Brooch with Madonna medal,
United States, c. 1950, multicolored
glitter, green plastic, gilded metal.

Spilla, Stati Uniti, 1950 ca.,
metallo dorato, smalto rosso
e verde, Swarovski bianchi.

*Brooch, United States,
c. 1950, gilded metal, red
and white enamel, white
Swarovski rhinestones.*

Spilla con elementi mobili, Stati Uniti,
1950 ca., metallo dorato, smalto
celeste, Swarovski bianchi.

*Brooch with moving elements,
United States, c. 1950, gilded metal,
light blue enamel, white Swarovskli
rhinestones.*

Spilla punzonata Sterling,
Stati Uniti, 1940, argento 925.

*Brooch, stamped Sterling, United
States, 1940, 925 Sterling silver.*

Spilla con ciondolo, Stati Uniti,
fine anni '50, metallo dorato,
Swarovski bianchi e verdi.

*Brooch with charm, United States,
late 50s, gilded metal, white
and red Swarovski rhinestones.*

Spilla, Stati Uniti, 1950 ca.,
metallo dorato, Swarovski
policromi.

*Brooch, United States, c. 1950,
gilded metal, multicolored
Swarovski rhinestones.*

Spilla, Stati Uniti, 1950 ca.,
metallo dorato e brunito, smalto
verde, Swarovski rossi.

*Brooch, United States, c. 1950,
gilded and burnished metal,
green enamel, red Swarovski
rhinestones.*

Spilla con pendente, Stati Uniti,
fine anni '50, metallo dorato,
Swarovski bianchi.

*Brooch with pendant, United
States, late 50s, gilded metal,
white Swarovski rhinestones.*

Spilla, Stati Uniti, fine anni '50,
resina porcellanata, smalto
policroma.

*Brooch, United States, late 50s,
porcelain resin, multicolored
enamel.*

Spilla, Stati Uniti, 1960 ca.,
metallo dorato, smalto rosso
e verde, Swarovski blu.

Brooch, United States,
c. 1960, gilded metal,
red and green enamel,
blue Swarovski rhinestones.

Spilla, Stati Uniti, 1960 ca.,
metallo dorato, smalto bianco
e nero.

*Brooch, United States,
c. 1960, gilded metal,
white and black enamel.*

Spilla, Stati Uniti, 1960 ca.,
metallo dorato e brunito,
smalto policromo.

*Brooch, United States,
c. 1960, gilded
and burnished metal,
multicolored enamel.*

Spilla, Stati Uniti, 1960 ca.,
rodio, resina grigia.

*Brooch, United States,
c. 1960, rhodium, grey resin.*

Spilla, Stati Uniti, 1960 ca.,
metallo dorato, Swarovski bianchi.

*Brooch, United States, c. 1960,
gilded metal, white Swarovski
rhinestones.*

Spilla, Stati Uniti, 1960
ca., metallo dorato, smalto
policromo.

*Brooch, United States,
c. 1960, gilded metal,
multicolored enamel.*

Due spille, Stati Uniti, 1950
ca., smalto bianco, rosso
e verde.

*Two brooches, United
States, c. 1950, white,
red and green enamel.*

Spilla, Stati Uniti, 1950
ca., smalto rosso, porporina
bianca, Swarovski cognac.

*Brooch, United States,
c. 1950, red enamel, white
glitter, amber Swarovski
rhinestones.*

Due spille, Stati Uniti, 1960 ca., metallo dorato, smalto rosso, Swarovski bianchi.

Two brooches, United States, c. 1960, gilded metal, red enamel, white Swarovski rhinestones.

FROM _____

_____

_____

TO

_____

_____

_____

TO-

FROM-

Spilla, Stati Uniti, 1960 ca.,
metallo dorato, smalto policromo,
Swarovski bianchi.

*Brooch, United States, c. 1960,
gilded metal, multicolored enamel,
white Swarovski rhinestones.*

Spilla con elementi mobili, Stati Uniti,
1950 ca., metallo dorato e brunito,
smalto bianco e rosso, Swarovski
verdi.

*Brooch with moving elements,
United States, c. 1950, gilded
and burnished metal, white and red
enamel, green Swarovski rhinestones.*

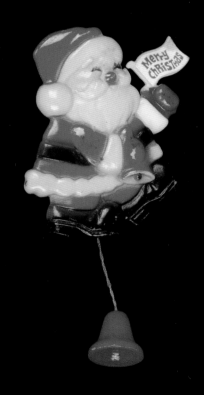

Spilla con elementi mobili,
Stati Uniti, 1930 ca., celluloide
policroma.

*Brooch with moving elements,
United States, c. 1930,
multicolored celluloid.*

Spilla, Stati Uniti, 1950 ca.,
metallo dorato, smalto policromo.

Brooch, United States, c. 1950,
gilded metal, multicolored enamel.

Orecchini, Stati Uniti, 1950 ca.,
plastica policroma.

Earrings, United States, c. 1950,
multicolored plastic.

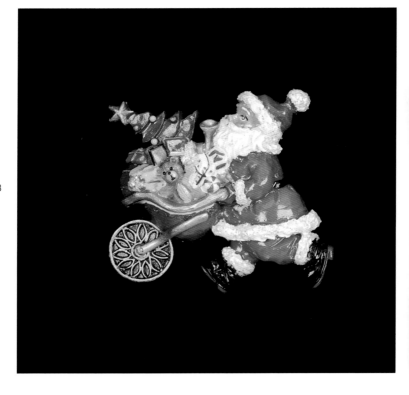

Spilla, Stati Uniti, 1960 ca.,
metallo dorato, Swarovski
policromi.

*Brooch, United States, c. 1960,
gilded metal, multicolored
Swarovski rhinestones.*

Orecchini, Stati Uniti, 1960 ca.,
metallo dorato, smalto
e Swarovski policromi.

*Earrings, United States, c. 1960,
gilded metal, multicolored enamel
and Swarovski rhinestones.*

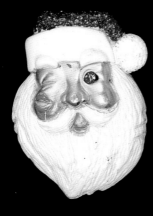

Spilla, Stati Uniti, 1960 ca.,
metallo dorato, smalto bianco
e rosso, Swarovski blu.

*Brooch, United States,
c. 1960, gilded metal, white
and red enamel, blue Swarovski
rhinestone.*

Orecchini pendenti, Stati Uniti,
1970 ca., plastica policroma.

*Dangling earrings, United States,
c. 1970, multicolored plastic.*

Spilla, Stati Uniti, 1960 ca., rodio,
smalto e Swarovski policromi.

*Brooch, United States, c. 1960,
rhodium, multicolored enamel
and Swarovski rhinestones.*

Spilla, Stati Uniti, 1960 ca., rodio,
smalto bianco e rosso.

Brooch, United States, c. 1960,
rhodium, white and red enamel.

Orecchini, Stati Uniti, 1960 ca.,
rodio, smalto bianco e rosso,
Swarovski bianchi.

Earrings, United States, c. 1960,
rhodium, white and red enamel,
white Swarovski rhinestones.

152

Spilla, Stati Uniti, 1960 ca.,
plastica policroma.

*Brooch, United States, c. 1960,
multicolored plastic.*

Spilla, Stati Uniti, 1960 ca.,
smalto bianco, Swarovski
policromi.

*Brooch, United States, c. 1960,
white enamel, multicolored
Swarovski rhinestones.*

Spilla, Stati Uniti, 1960 ca.,
smalto bianco e rosso.

*Brooch, United States, c. 1960,
white and red enamel.*

Orecchini, Stati Uniti, 1960 ca.,
rodio, smalto rosso, Swarovski
bianchi.

*Earrings, United States, 1960,
rhodium, red enamel, white
Swarovski rhinestones.*

154

Spilla, Stati Uniti, 1960 ca.,
metallo dorato, smalto policromo.

*Brooch, United States, c. 1960,
gilded metal, multicolored enamel.*

Due spille, Stati Uniti, 1950 ca.,
metallo dorato e smalto, Swarovski
policromi.

Two brooches, United States,
c. 1950, gilded metal, red
and white enamel, multicolored
Swarovski rhinestones.

Spilla, Stati Uniti, 1960 ca.,
metallo dorato, smalto
e Swarovski policromi.

*Brooch, United States,
c. 1960, gilded metal,
multicolored enamel
and Swarovski rhinestones.*

Due spille, Stati Uniti, 1960
ca., metallo dorato, smalto
e Swarovski policromi.

*Two brooches, United States,
c. 1960, gilded metal,
multicolored enamel
and Swarovski rhinestones.*

157

Tre spille, Stati Uniti, 1960 ca., metallo dorato, smalto policromo, Swarovski verdi.

Three brooches, United States, c. 1960, gilded metal, multicolored enamel, green Swarovski rhinestones.

Betty Boop. Spilla punzonata
Tr. Hearst, Stati Uniti, 1970,
smalto policromo.

Betty Boop. Brooch, stamped
Tr. Hearst, United States,
1970, multicolored enamel.

Spilla con pendenti punzonata JJ,
Stati Uniti, 1985, peltro, smalto
e Swarovski verdi e rossi.

Brooch with pendants, stamped
JJ, United States, 1985, pewter,
green and red enamel
and Swarovski rhinestones.

Spilla punzonata JJ, Stati
Uniti, 1985, peltro, smalto
e Swarovski policromi.

*Brooch, stamped JJ, United
States, 1985, pewter,
multicolored enamel
and Swarovski rhinestones.*

Spilla punzonata JJ, Stati
Uniti, 1985, metallo dorato,
Swarovski policromi.

*Brooch, stamped JJ, United
States, 1985, gilded metal,
multicolored Swarovski
rhinestones.*

Due spille punzonate JJ, Stati
Uniti, 1985, peltro, smalto
e Swarovski verdi e rossi.

*Two brooches, stamped JJ,
1985, United States, pewter,
green and red enamel
and Swarovski rhinestones.*

Spilla punzonata JJ, Stati
Uniti, 1985, peltro, smalto
rosso e verde.

*Brooch, stamped JJ, United
States, 1985, pewter, red
and green enamel.*

Due spille punzonate JJ,
1985, Stati Uniti, peltro,
smalto rosso e verde.

*Two brooches, stamped JJ,
United States, 1985, pewter,
red and green enamel.*

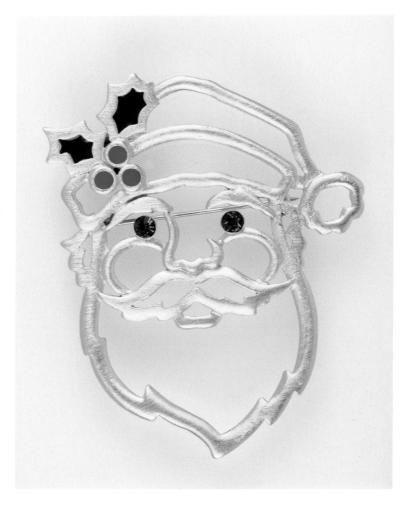

164

Spilla punzonata JJ, Stati
Uniti, 1985, metallo dorato,
smalto verde, Swarovski rossi
e blu.

*Brooch, stamped JJ, United
States, 1985, gilded metal,
green enamel, red and blue
Swarovski rhinestones.*

Due spille punzonate JJ, Stati
Uniti, 1985, peltro, smalto
rosso e verde.

*Two brooches, stamped JJ,
United States, 1985, pewter,
red and green enamel.*

166

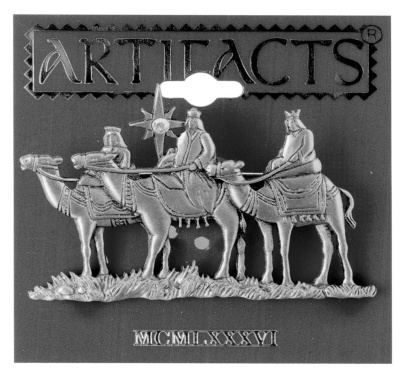

Due spille punzonate JJ, Stati
Uniti, 1985, peltro, smalto
oro, rosso e verde.

*Two brooches, stamped JJ,
United States, 1985, pewter,
gold, red and green enamel.*

Spilla su cartoncino
punzonata JJ, Stati Uniti,
1985, peltro.

*Brooch on card, stamped JJ,
United States, 1985, pewter.*

Spilla con ciondoli punzonata JJ,
Stati Uniti, 1985, peltro, smalto
rosso e verde.

*Brooch with charms, stamped JJ,
United States, 1985, pewter, red
and green enamel.*

Tre spille con ciondoli punzonate
JJ, Stati Uniti, 1985, peltro, smalto
e Swarovski policromi.

*Three brooches with charms,
stamped JJ, United States, 1985,
pewter, multicolored enamel
and Swarovski rhinestones.*

Spilla punzonata JJ, Stati Uniti, 1985,
peltro, metallo dorato e brunito, smalto
policromo.

*Brooch, stamped JJ, United States,
1985, pewter, gilded and burnished
metal, multicolored enamel.*

Orologio, Stati Uniti, 1970 ca.,
elementi mobili del braccialetto
in smalto policromo.

*Watch, United States, c. 1970,
sliding elements of the bracelet
in multicolored enamel.*

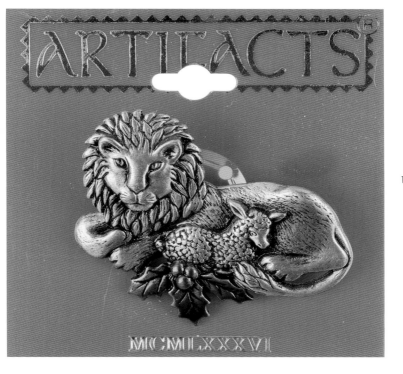

173

Due braccialetti con ciondoli punzonati JJ, Stati Uniti, 1980, peltro, smalto e Swarovski policromi.

Two bracelets with charms, stamped JJ, United States, 1980, pewter, multicolored enamel and Swarovski rhinestones.

Spilla su cartoncino punzonata JJ, Stati Uniti, 1985, peltro, smalto rosso e verde.

Brooch on card, stamped JJ, United States, 1985, pewter, red and green enamel.

San Valentino

Fu nel secondo dopoguerra che l'Italia importò dagli Stati Uniti la festa di San Valentino. In realtà, essa ha radici lontane nel tempo e non così lontane nello spazio.

A Roma, già dal IV secolo a.C., aveva luogo, il 15 febbraio, la festa dei *Lupercalia*, associata alla sessualità e alla fertilità (della quale il dio Luperco era protettore). Nel 496 d.C. papa Gelasio I annullò quella festa pagana e promosse al suo posto il culto di san Valentino, un vescovo martirizzato circa duecento anni prima appunto un 14 febbraio e destinato a diventare il patrono degli innamorati avendo celebrato la prima unione tra una cristiana e un pagano. Grazie ai benedettini di Terni, che ne diffusero il culto verso la fine del Medioevo, la festa di San Valentino, col relativo, rituale scambio di doni, si radicò in tutta Europa.

Alla corte di Elisabetta I (dal 1558 al 1603) la ricorrenza si celebrava sorteggiando le coppie e i doni, appunto i *valentines*, che per le signore erano soprattutto guanti e calze, ma all'occasione anche gioielli; e *Valentine* era chiamato il pretendente, che confermava la propria promessa col dono di un anello.

Nella civiltà borghese, quello che gli innamorati si scambiavano erano soprattutto biglietti d'amore incisi o acquerellati. A tali manufatti vennero un po' alla volta a sostituirsi biglietti già pronti, realizzati da cartolai come H. Dobbs, il cui negozio in New Bridge Street a Londra era famoso già nel 1803. Sarà poi, a partire dal 1840, l'economica *Penny Post* a favorire la diffusione delle *valentines*: e non solo di quelli in forma di biglietto. In epoca vittoriana, infatti, per San Valentino si cominciò a regalare bijoux con i soggetti tipici del repertorio amoroso: cuori, cupidi, corone.

Le *valentines*, divenute ormai molto popolari, salparono quindi alla volta del Nuovo Mondo, portate con sé dagli inglesi nel New England e dai tedeschi in Pennsylvania e nel Rhode Island. Quest'ultimo, già terra di gioiellieri, dopo la crisi del 1929 diverrà il primo produttore mondiale di *costume jewelry*. E in generale, negli Stati Uniti, il costo dei lussuosi auguri a stampa finirà per favorire la loro sostituzione con bijoux i cui soggetti saranno gli stessi illustrati in quei biglietti amorosi.

Valentine's Day

It was following World War II that Italy imported Valentine's Day from the United States. In reality, however, its roots go far back in time, though not that far in space. In ancient Rome, since the 4th century BC, the *Lupercalia* festival was held on February 15: it was a rite associated with sexuality and fertility (Lupercus was the god of fertility). In AD 496 Pope Gelasius I suppressed this pagan ritual and, in its stead, encouraged the worship of St. Valentine, a bishop who had been martyred on February 14, approximately 200 years earlier. The martyr was destined to become the patron saint of lovers, as he had celebrated the first marriage between a Christian and a pagan. Thanks to the Benedictines of the city of Terni, who circulated this cult in the late Middle Ages, the feast of St. Valentine, with its ritual exchange of gifts, spread throughout Europe.

At the court of Elizabeth I of England (from 1558 to 1603) the day was celebrated by drawing lots to choose couples and gifts – called *valentines* – which, for women, were chiefly represented by gloves and stockings, though jewelry was sometimes given as well. The suitor, referred to as *Valentine*, would confirm his promise by giving his beloved a ring.

In bourgeois society, couples mainly exchanged engraved or watercolored billets-doux. These letters were gradually replaced by readymade cards, created by stationers such as H. Dobbs, whose shop in New Bridge Street in London was already famous in 1803. Starting in 1840, the inexpensive Penny Post encouraged the circulation of valentines, and not merely in the form of cards. During the Victorian age, for Valentine's Day people began to offer jewelry with the typical subjects of the repertory of love, namely hearts, cupids and wreaths.

Valentines, which had become very popular by this time, then arrived in the New World, brought to New England by the British and to Pennsylvania and Rhode Island by the Germans. Following the Wall Street crash of 1929, the latter state – already home to jewelers – would become the world's top producer of costume jewelry. In the United States, expensive printed cards were gradually replaced by gifts of costume jewelry with the same love-related subjects.

Tre spille con pendenti, Stati Uniti,
1910 ca., metallo brunito, strass rossi.

*Three brooches with pendants, United
States, c. 1910, burnished metal,
red rhinestones.*

Spilla con pendente, Stati Uniti, 1910
ca., metallo brunito.

*Brooch with pendant, United States,
c. 1910, burnished metal.*

Due spille con ciondoli, Stati Uniti, 1910 ca., metallo brunito, smalto policromo.

Two brooches with charms, United States, c. 1910, burnished metal, multicolored enamel.

Spilla, Stati Uniti, 1920 ca., rodio,
strass bianchi.

*Brooch, United States, c. 1920,
rhodium, white rhinestones.*

Due spille, Stati Uniti, 1940 ca.,
sterling placcato oro 14 carati.

Two brooches, United States,
c. 1940, 14-carat gold-plated
Sterling silver.

Due spille, Stati Uniti, 1940 ca.,
sterling placcato oro 14 carati.

*Two brooches, United States,
c. 1940, 14-carat gold-plated
Sterling silver.*

182

Spilla con catenelle pendenti, Stati Uniti, 1950 ca., rodio, smalto rosa.

Brooch with dangling chains, United States, 1950 ca., rhodium, pink enamel.

Due spille, Stati Uniti, 1950
ca., rodio, smalto policromo,
Swarovski rossi.

*Two brooches, United States,
c. 1950, rhodium, multicolored
enamel, red Swarovski rhinestones.*

Spilla, Stati Uniti, 1950 ca.,
metallo dorato, smalto rosso.

*Brooch, United States, c. 1950,
gilded metal, red enamel.*

Spilla, Stati Uniti, 1950 ca.,
metallo rodiato e dorato.

*Brooch, United States, c. 1950,
rhodium-plated and gilded metal.*

Due spille, Stati Uniti, 1940 ca.,
metallo dorato, Swarovski rosa
e celesti.

*Two brooches, United States,
c. 1940, gilded metal, pink and
light blue Swarovski rhinestones.*

Bracciale elastico "Carmen", Stati
Uniti, 1920 ca., sterling placcato oro
14 carati.

*"Carmen" expansion bracelet, United
States, c. 1920, 14-carat gold-plated
Sterling silver.*

Bracciale elastico "Carmen", Stati Uniti, 1940 ca., rodio placcato oro 14 carati.

"Carmen" expansion bracelet, United States, c. 1940, 14-carat gold-plated rhodium.

Tre spille, Stati Uniti, 1950 ca.,
rodio, strass bianchi.

*Three brooches, United States,
c. 1950, rhodium, white
rhinestones.*

189

Due spille, Stati Uniti, 1950 ca.,
rodio, strass bianchi.

*Two brooches, United States,
c. 1950, rhodium, white
rhinestones.*

Spilla con pendenti, Stati Uniti,
1930 ca., metallo brunito.

*Brooch with pendants, United
States, c. 1930, burnished metal.*

191

Spilla con catenella e pendente,
Stati Uniti, 1930 ca., metallo
brunito, cristalli ametista.

*Brooch with chain and pendant,
United States, c. 1930, burnished
metal, amethyst crystal stones.*

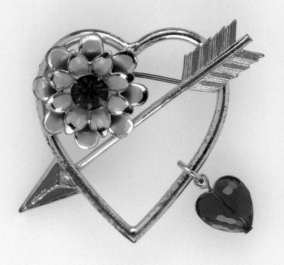

Spilla con ciondolo, Stati Uniti,
1940 ca., metallo dorato, smalto
e strass rossi.

*Brooch with charm, United States,
c. 1940, gilded metal,
red enamel and rhinestones.*

193

Spilla, Stati Uniti, 1940 ca., metallo dorato, smalto verde, perle cabochon, Swarovski bianchi e rossi.

Brooch, United States, c. 1940, gilded metal, green enamel, cabochon pearls, white and red Swarovski rhinestones.

194

Spilla, Stati Uniti, 1940 ca., metallo
brunito, Swarovski rossi e verdi.

Brooch, United States, c. 1940,
burnished metal, red and green
Swarovski rhinestones.

Spilla con pendente, Stati Uniti, 1940
ca., sterling placcato oro 14 carati,
perle simulate.

*Brooch with pendant, United States,
c. 1940, 14-carat gold-plated Sterling
silver, imitation pearls.*

Spilla, Stati Uniti, 1940 ca., placcata
oro 14 carati, resina turchese.

*Brooch, United States, c. 1940,
14-carat gold-plated metal, turquoise
resin.*

Spilla, Stati Uniti, 1940 ca., sterling
placcato oro 14 carati, cristallo celeste.

*Brooch, United States, c. 1940,
14-carat gold-plated Sterling silver,
light blue crystal stone.*

Spilla con pendente, Stati Uniti, 1940
ca., sterling placcato oro 14 carati,
cristallo celeste.

*Brooch with pendant, United States,
c. 1940, 14-carat gold-plated Sterling
silver, light blue crystal stone.*

Tre spille con pendenti, Stati Uniti,
1940 ca., placcate oro 14 carati,
cristallo celeste.

*Three brooches with pendants,
United States, c. 1940, 14-carat
gold-plated metal, light blue
crystal stone.*

Spilla, Stati Uniti, 1960 ca., metallo
dorato, perle simulate.

*Brooch, United States, c. 1960, gilded
metal, imitation pearls.*

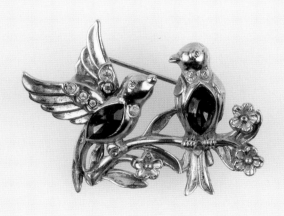

Spilla punzonata Coro, Stati Uniti,
1960 ca., metallo dorato, smalto,
Swarovski policromi.

*Brooch, stamped Coro, United States,
c. 1960, gilded metal, enamel,
multicolored Swarovski rhinestones.*

202

Spilla con pendente, Stati Uniti,
1960 ca., metallo dorato, resina
policroma.

*Brooch with pendant, United
States, c. 1960, gilded metal,
multicolored resin.*

Spilla e pendente, Stati Uniti,
1950 ca., placcati oro 14 carati,
smalto policromo, perle simulate,
strass viola.

*Brooch and pendant, United
States, c. 1950, 14-carat gold-
plated metal, multicolored
enamel, imitation pearls, purple
rhinestones.*

Spilla e orecchini, Stati Uniti,
1950 ca., spilla placcata oro 14
carati, perla simulata; orecchini
in smalto policromo, perle
simulate.

*Brooch and earrings, United
States, c. 1950, brooch
in 14-carat gold-plated metal,
imitation pearl; earrings
in multicolored enamel,
imitation pearls.*

Tre spille, Stati Uniti, 1950 ca.,
rodio, smalto policromo, strass.

*Three brooches, United States,
c. 1950, rhodium, multicolored
enamel, rhinestones.*

207

Tre spille, Stati Uniti, 1950 ca.,
placcate oro 14 carati, strass
policromi.

Three brooches, United States,
c. 1950, 14-carat gold-plated
metal, multicolored rhinestones.

Spilla con pendenti, Stati Uniti,
1960 ca., metallo dorato
e brunito, resina rossa,
verde e blu.

Brooch with pendants, United
States, c. 1960, gilded
and burnished metal, red,
green and blue resin.

Tre spille, Stati Uniti, 1960 ca.,
metallo dorato, Swarovski bianchi.

*Three brooches, United States,
c. 1960, gilded metal, white
Swarovski rhinestones.*

Due spille, Stati Uniti, 1960 ca.,
metallo dorato, Swarovski rossi.

*Two brooches, United States, c.
1960, gilded metal, red Swarovski
rhinestones.*

210

Set spilla e orecchini punzonati
Krementz, Stati Uniti, 1960 ca., sterling
placcato oro 14 carati, smalto verde
e celeste, perle simulate.

*Brooch and earrings set, stamped
Krementz, United States, c. 1960,
14-carat gold-plated Sterling silver,
green and light blue enamel, imitation
pearls.*

Spilla punzonata Pell, Stati Uniti,
1960 ca., rodio, Swarovski rossi.

*Brooch, stamped Pell, United
States, c. 1960, rhodium,
red Swarovski rhinestones.*

Spilla, Stati Uniti, 1960 ca., rodio,
resina blu, Swarovski bianchi.

Brooch, United States, c. 1960,
rhodium, blue resin, white
Swarovski rhinestones.

Spilla, Stati Uniti, 1960 ca., rodio,
Swarovski bianchi.

Brooch, United States, c. 1960,
rhodium, white Swarovski
rhinestones.

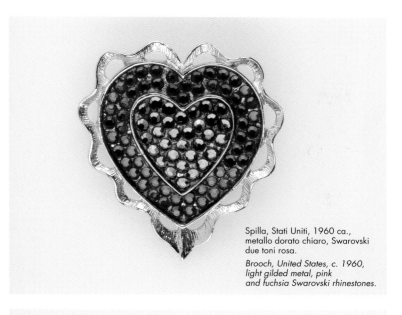

Spilla, Stati Uniti, 1960 ca.,
metallo dorato chiaro, Swarovski
due toni rosa.

*Brooch, United States, c. 1960,
light gilded metal, pink
and fuchsia Swarovski rhinestones.*

213

Due spille, Stati Uniti, 1960 ca.,
metallo dorato, smalto rosso, strass
rossi e viola.

*Two brooches, United States,
c. 1960, gilded metal,
red enamel, red and purple
rhinestones.*

Spilla punzonata JJ, Stati Uniti,
1985, peltro.
*Brooch, stamped JJ, United States,
1985, pewter.*

214

Spilla punzonata JJ, Stati Uniti,
1985, peltro, smalto rosso.
*Brooch, stamped JJ, United States,
1985, pewter, red enamel.*

Spilla punzonata JJ, Stati Uniti,
1985, peltro, smalto rosso.

*Brooch, stamped JJ, United States,
1985, pewter, red enamel.*

Spilla punzonata JJ, Stati Uniti,
1985, peltro, smalto policromo.

*Brooch, stamped JJ, United States,
1985, pewter, multicolored
enamel.*

217

Spilla punzonata JJ, Stati Uniti,
1985, peltro, smalto e Swarovski
policromi.

*Brooch, stamped JJ, United States,
1985, pewter, multicolored enamel
and Swarovski rhinestones.*

Due spille punzonate JJ, Stati Uniti,
1985, metallo brunito.

*Two brooches, stamped JJ, United
States, 1985, burnished metal.*

Princess List
☑ Cell Phone
☑ Diamonds
☑ Sports Car
☑ Money
☑ Cruise

Love is patient,
Love is kind, it always
protects,
always trusts,
always hopes,
always perseveres.
Love never fails.

Due spille punzonate JJ, Stati Uniti, 1985, peltro, smalto policromo.

Two brooches, stamped JJ, United States, 1985, pewter, multicolored enamel.

Betty Boop. Spilla punzonata
Tr. Hearst, Stati Uniti, 1970 ca.,
metallo dorato, smalto policromo.

Betty Boop. Brooch, stamped
Tr. Hearst, United States, c. 1970,
gilded metal, multicolored enamel.

Tre spille, Stati Uniti, 1960 ca.,
metallo dorato, smalto e Swarovski
rossi.

Three brooches, United States,
c. 1960, gilded metal,
red enamel and Swarovski
rhinestones.

Spillone e spilla, Stati Uniti, 1950
ca., spillone in metallo brunito,
Swarovski policromi; spilla
in metallo dorato.

Hatpin and brooch, United
States, c. 1950, spin in burnished
metal, multicolored Swarovski
rhinestones; brooch in gilded
metal.

223

Due spille, Stati Uniti, 1960 ca.,
metallo dorato, smalto rosso
e verde, Swarovski rossi.

*Two brooches, United States,
c. 1960, gilded metal, red
and green enamel, red Swarovski
rhinestones.*

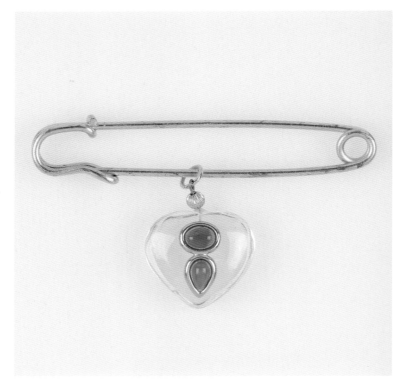

224

Spilla con pendente, Stati Uniti,
1960 ca., metallo dorato, lucite
policroma.

*Brooch with pendant, United
States, c. 1960, gilded metal,
multicolored lucite.*

Due spille con pendenti, Stati
Uniti, 1960 ca., metallo brunito,
Swarovski bianchi.

*Two brooches with pendants,
United States, c. 1960,
burnished metal, white Swarovski
rhinestones.*

Due spille, Stati Uniti, 1950 ca.,
galalite rosa e gialla.

*Two brooches, United States,
c. 1950, rose and yellow galalith.*

Spilla, Stati Uniti, 1950 ca.,
metallo dorato e smalto policromo.

*Brooch, United States, c. 1950,
gilded metal, multicolored enamel.*

Quattro spille, Stati Uniti, 1930
ca., galalite policroma, perle
simulate.

*Four brooches, United States,
c. 1930, multicolored galalith,
imitation pearls.*

Spilla *tremblant*, Stati Uniti, 1970
ca., plastica policroma.

Tremblant brooch, Stati Uniti,
c. 1970, multicolored plastic.

228

Orecchini pendenti, Stati Uniti,
1950 ca., metallo rodiato, smalto
rosso.

*Dangling earrings, United States,
c. 1950, rhodium-plated metal,
red enamel.*

Orecchini pendenti, Stati Uniti,
1950 ca., rodio, metallo dorato,
resina rossa e lilla.

*Dangling earrings, United States,
c. 1950, rhodium, gilded metal,
red and lilac resin.*

230

Orecchini pendenti, Stati
Uniti, 1950 ca., rodio, smalto
policromo.

*Dangling earrings, United States,
c. 1950, rhodium, multicolored
enamel.*

Orecchini pendenti, Stati Uniti, 1950 ca., rodio, metallo dorato, resina crisopazio.

Dangling earrings, United States, c. 1950, rhodium, gilded metal, chrysoprase resin.

Due spille, Stati Uniti, 1960 ca.,
metallo dorato, resina nera,
Swarovski bianchi.

Two brooches, United States,
c. 1960, gilded metal, black resin,
white Swarovski rhinestones.

Orecchini pendenti, Stati Uniti,
1960 ca., metallo dorato, resina
rosa.

*Dangling earrings, United States,
c. 1960, gilded metal, pink resin.*

Orecchini, Stati Uniti, 1960 ca.,
metallo dorato, cristalli cognac.

*Earrings, United States, c. 1960,
gilded metal, amber crystals.*

Orecchini pendenti, Stati Uniti,
1970 ca., rodio traforato.

*Dangling earrings, United States,
c. 1970, openwork rhodium.*

Catenina, Stati Uniti, 1920
ca., metallo brunito.

*Chain, United States,
c. 1920, burnished metal.*

236

Catenina, Stati Uniti, 1950 ca.,
rodio, smalto rosso.

*Chain, United States, c. 1950,
rhodium, red enamel.*

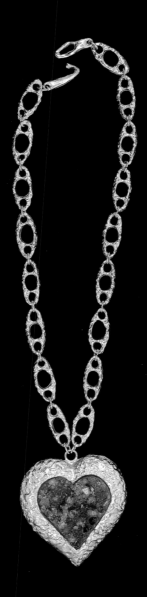

Catena, Stati Uniti, 1960 ca.,
metallo dorato, resina rossa.

*Chain, United States, c. 1960,
gilded metal, red resin.*

Collana con pendente,
Stati Uniti, 1970 ca.,
metallo dorato, Swarovski color
marrone, cordoncino in seta.

*Necklace with pendant,
United States, c. 1970,
gilded metal, brown
Swarovski rhinestones, silk cord.*

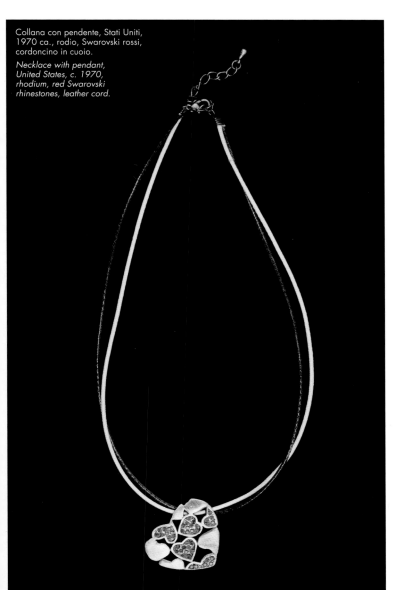

Collana con pendente, Stati Uniti,
1970 ca., rodio, Swarovski rossi,
cordoncino in cuoio.

*Necklace with pendant,
United States, c. 1970,
rhodium, red Swarovski
rhinestones, leather cord.*

Bracciale con ciondolo, Stati Uniti,
1940 ca., metallo dorato, perle
simulate.

*Bracelet with charm, United States,
c. 1940, gilded metal, imitation
pearls.*

Due bracciali con ciondolo, Stati Uniti, 1950 ca., metallo dorato.

Two bracelets with charm, United States, c. 1950, gilded metal.

242

Bracciale con ciondoli, Stati Uniti,
1950 ca., metallo dorato.

*Bracelet with charms, United
States, c. 1950, gilded metal.*

Bracciale slide, Stati Uniti, 1960 ca., metallo dorato, perline simulate.

Slide bracelet, United States, c. 1960, gilded metal, imitation seed pearls.

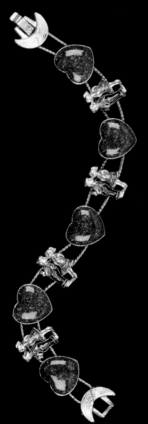

Bracciale slide, Stati Uniti, 1970 ca., metallo rodiato, smalto rosso e verde.

Slide bracelet, United States, c. 1970, rhodium-plated metal, red and green enamel.

Bracciale con ciondoli, Stati Uniti,
1950 ca., placcato oro 14 carati.

*Bracelet with charms, United
States, c. 1950, 14-carat gold-
plated metal.*

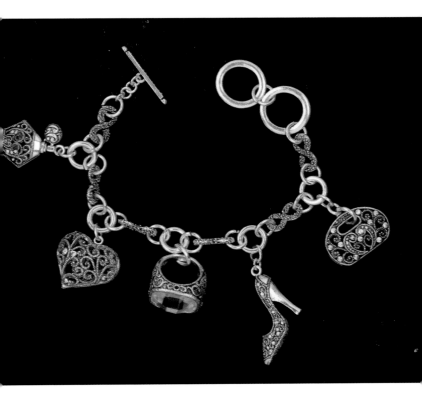

Bracciale con ciondoli, Stati
Uniti, 1970 ca., metallo rodiato,
Swarovski cognac.

*Bracelet with charms, United
States, c. 1970, rhodium-
plated metal, amber Swarovski
rhinestones.*

Bracciale con ciondoli, Stati Uniti,
1970 ca., metallo rodiato, smalto
nero.

*Bracelet with charms, United
States, c. 1970, rhodium-plated
metal, black enamel.*

Bracciale con ciondoli, Stati
Uniti, 1950 ca., metallo dorato,
Swarovski rosso.

*Bracelet with charms, United
States, c. 1950, gilded metal,
red Swarovski rhinestone.*

Bracciale con ciondoli, Stati Uniti,
1960 ca., metallo dorato.

*Bracelet with charms, United
States, c. 1960, gilded metal.*

Bracciale maglia a cuore
con ciondoli, Stati Uniti, 1970 ca.,
metallo rodiato, smalto rosso.

*Bracelet with heart-shaped links
and charms, United States,
c. 1970, rhodium-plated metal,
red enamel.*

Tre bracciali con ciondolo, Stati
Uniti, 1970 ca., metallo rodiato.

*Three bracelets with charm,
United States, c. 1970,
rhodium-plated metal.*

252

Bracciale maglia a cuore
con ciondoli, Stati Uniti, 1970 ca.,
metallo dorato, resina rossa.

*Bracelet with heart-shaped links
and charms, United States, c.
1970, gilded metal, red resin.*

Bracciale elastico con ciondoli,
Stati Uniti, 1970 ca., metallo
dorato.

*Stretch bracelet with charms,
United States, c. 1970, gilded
metal.*

Bracciale con ciondoli, Stati Uniti, 1970 ca., metallo rodiato, smalto rosso e blu.

Bracelet with charms, United States, c. 1970, rhodium-plated metal, red and blue enamel.

Bracciale con ciondoli, Stati Uniti,
1970 ca., metallo rodiato.

*Bracelet with charms, United
States, c. 1970, rhodium-plated
metal.*

Catena, Stati Uniti, 1970 ca.,
metallo dorato.

*Chain, United States, c. 1970,
gilded metal.*

Spilla, Stati Uniti, 1960 ca.,
metallo dorato.

*Brooch, United States, c. 1960,
gilded metal.*

Spilla, Stati Uniti, 1960 ca.,
metallo dorato, strass policromi.

*Brooch, United States, c. 1960,
gilded metal, multicolored
rhinestones.*

Due spille, Stati Uniti, 1960 ca.,
metallo dorato, smalto e Swarovski
rossi e viola.

*Two brooches, United States,
c. 1960, gilded metal, red
and purple enamel and Swarovski
rhinestones.*

Spilla punzonata Coro, Stati Uniti,
1940 ca., metallo dorato, perle
simulate, strass policromi.

*Brooch, stamped Coro, United
States, c. 1940, gilded metal,
imitation pearls, multicolored
rhinestones.*

Due spille, Stati Uniti, 1950 ca.,
metallo brunito, perla simulata,
Swarovski policromi.

*Two brooches, United States,
c. 1950, burnished metal,
imitation pearl, multicolored
Swarovski rhinestones.*

Due spille punzonate Pell, Stati
Uniti, 1960 ca., rodio, Swarovski
bianchi e blu.

*Two brooches, stamped Pell,
United States, c. 1960, rhodium,
white and blue Swarovski
rhinestones.*

Due spille, Stati Uniti, 1960 ca.,
rodio, metallo dorato, strass
policromi.

*Two brooches, United States,
c. 1960, rhodium, gilded metal,
multicolored rhinestones.*

Spilla, Stati Uniti, 1960 ca.,
metallo dorato, perline simulate,
Swarovski policromi.

*Brooch, United States, c. 1960,
gilded metal, imitation seed
pearls, multicolored Swarovski
rhinestones.*

Spilla punzonata KJL, Stati
Uniti, 1975 ca., metallo dorato,
Swarovski bianchi.

*Brooch, stamped KJL, United
States, c. 1975, gilded metal,
white Swarovski rhinestones.*

Spilla, Stati Uniti, 1970 ca.,
metallo dorato, Swarovski rosso.

*Brooch, United States, c. 1970,
gilded metal, red Swarovski
rhinestone.*

Tre spille, Stati Uniti, 1960 ca.,
metallo dorato, perline simulate,
Swarovski policromi.

*Three brooches, United States,
c. 1960, gilded metal, imitation
seed pearls, multicolored
Swarovski rhinestones.*

Tre spille, Stati Uniti, 1960 ca.,
metallo dorato, rodio, smalto
policromo.

*Three brooches, United States,
c. 1960, gilded metal, rhodium,
multicolored enamel.*

Pasqua

La rinascita della vita che a primavera esplode in tutte le sue forme veniva celebrata festosamente presso tutte le antiche civiltà. Tra i simboli che alludono al rinnovamento della natura primeggia l'uovo: i Romani, che ritenevano Castore e Polluce – gemelli come Romolo e Remo – nati da un uovo fecondato da Giove, festeggiavano l'equinozio di primavera scambiandosi in dono pane decorato con uova. Nella Germania precristiana, a Eostre, dea della fertilità, erano sacri animali prolifici come il coniglio e la lepre.

Questi simboli saranno recuperati dalla tradizione cristiana, che collocherà la Pasqua a primavera, e il pulcino che esce dall'uovo sarà così assimilato al Cristo che risorge dalla tomba; in Alsazia, nel XII secolo, si diffonderà l'abitudine di regalare per Pasqua uova (che durante la Quaresima era proibito mangiare). A regalarle ai bambini era un coniglio; e anche questo divenne un dono, in quanto nel XIX secolo, sempre in area di lingua tedesca, si comincerà a regalare dolci a forma di coniglietto.

Saranno proprio gli immigrati tedeschi e olandesi a importare negli Stati Uniti la tradizione del coniglietto pasquale, Easter Bunny, che porta ai bambini buoni un cesto pieno di uova colorate – come lo sono i fiori primaverili – o di cioccolato. Ma Easter Bunny è dispettoso, e le uova le nasconde all'aperto: i bambini, curiosi, dovranno andarsele a cercare.

Easter

The rebirth of life that, in spring, explodes in all its forms was joyfully celebrated among all ancient civilizations. One of the most important symbols alluding to the renewal of nature is the egg. The Romans believed that Castor and Pollux – who were twin brothers such as Romulus and Remus – were born from an egg fertilized by Jupiter, and they celebrated the spring equinox by exchanging a loaf of bread decorated with eggs. In pre-Christian Germany, prolific animals such as the rabbit and the hare were sacred to Eostre, the goddess of fertility.

These symbols were later embraced by the Christian tradition, which established that Easter should be celebrated in spring, and identified the chick emerging from the egg with the resurrected Christ emerging from the tomb. In Alsace, during the 12th century, it became customary to exchange eggs for Easter (they were banned from the table during Lent). Children would receive them from a rabbit, which was likewise transformed into a gift when bunny-shaped sweets began to be exchanged in German-speaking areas in the 19th century.

In fact, it was the German and Dutch immigrants who introduced in the United States the tradition of the Easter Bunny, who brings good children a basket full of multicolored eggs – like springtime blossoms – or chocolate eggs. But the Easter Bunny is a mischievous creature and hides the eggs outside, so that children need to go looking for them: the classic Easter egg hunt!

Tre spille punzonate Pell, Stati
Uniti, 1960 ca., metallo dorato,
resina e Swarovski policromi.

*Three brooches, stamped Pell,
United States, 1960 ca., gilded
metal, multicolored resin
and Swarovski rhinestones.*

Cinque spille punzonate Pell, Stati
Uniti, 1960 ca., metallo dorato,
resina policroma.

*Five brooches, stamped Pell,
United States, 1960 ca., gilded
metal, multicolored resin.*

272

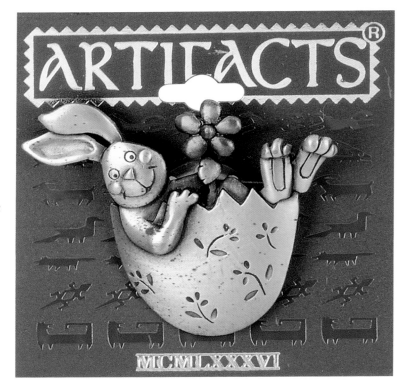

Spilla su cartoncino punzonata JJ,
Stati Uniti, 1985, metallo dorato,
smalto policromo.

Brooch on card, stamped JJ,
United States, 1985, gilded metal,
multicolored enamel.

Spilla punzonata JJ, Stati Uniti,
1985, peltro, smalto policromo.

*Brooch, stamped JJ, United States,
1985, pewter, multicolored
enamel.*

Spilla punzonata JJ, Stati Uniti,
1985, peltro, smalto policromo.

*Brooch, stamped JJ, United States,
1985, pewter, multicolored
enamel.*

Spilla punzonata JJ, Stati Uniti,
1985, metallo dorato lucido
e opaco.

*Brooch, stamped JJ, United
States, 1985, shiny and matte
gilded metal.*

Spilla punzonata JJ, Stati Uniti,
1985, metallo dorato, Swarovski
rossi e verdi.

*Brooch, stamped JJ, United States,
1985, gilded metal, red and green
Swarovski rhinestones.*

Due spille punzonate JJ, Stati Uniti,
1985, peltro, smalto policromo.

*Two brooches, stamped JJ, United
States, 1985, pewter, multicolored
enamel.*

Spilla punzonata JJ, Stati Uniti,
1985, metallo dorato, Swarovski
rossi.

*Brooch, stamped JJ, United States,
1985, gilded metal, red Swarovski
rhinestones.*

Braccialetto slide, Stati Uniti,
1960 ca., metallo rodiato, smalto
policromo.

*Slide bracelet, United States,
c. 1960, rhodium-plated metal,
multicolored enamel.*

Spilla, Stati Uniti, 1960 ca.,
metallo dorato, lucite trasparente,
Swarovski bianchi e rossi.

*Brooch, United States, c. 1960,
gilded metal, transparent
lucite, white and red Swarovski
rhinestones*

Spilla, Stati Uniti, 1960 ca.,
metallo dorato, smalto policromo.

*Brooch, United States, c. 1960,
gilded metal, multicolored enamel.*

Tre spille, Stati Uniti, 1970 ca.,
metallo dorato, smalto policromo.

*Three brooches, United States,
c. 1970, gilded metal,
multicolored enamel.*

Set spilla e orecchini pendenti,
Stati Uniti, 1970 ca., metallo
dorato, smalto policromo,
Swarovski bianchi.

Brooch and dangling earrings set,
United States, c. 1970, gilded
metal, multicolored enamel,
white Swarovski rhinestones.

Festa della Mamma

La prima forma di pittura realizzata dall'uomo, circa 40.000 anni fa, consta di impronte della mano. Secondo Darwin, fu grazie alle mani che l'uomo occupò nel mondo un posto dominante: la sua capacità di opporre il pollice alle altre dita gli consentiva di usare utensili anche molto piccoli e sottili.

Aristotele, Ippocrate e Giulio Cesare ritenevano che il destino dell'uomo fosse scritto nelle linee della mano. La mano ha un ruolo importante anche nel cristianesimo: Gesù, che con le mani aveva guarito e resuscitato, prova la propria identità per mezzo delle stigmate. Per l'Islam, la mano di Fatima, figlia preferita di Maometto, è un talismano che scaccia il male. Nelle danze indiane tradizionali, la gestualità delle mani permette di attingere il *prâna* dallo spazio per convogliarlo nel corpo.

La mano serve a misurare quantità (una *mano* di farina) o distanze (il *pollice*) e per contare: il sistema decimale deriva probabilmente dal numero delle dita. "Fatto a mano" è un attributo positivo. La gestualità delle dita e delle mani, infine, costituisce un linguaggio vero e proprio, il cui significato è, in alcuni casi, universale.

Non meraviglia perciò che venisse scelta proprio la mano, così ricca di significati, come simbolo di quel "Mother's Day" che nel 1914 Woodrow Wilson istituì quale pubblica espressione di gratitudine verso tutte le mamme. Wilson ufficializzava un'"invenzione" della connazionale Anna Marie Jarvis, che nel 1907 aveva fissato la festa alla seconda domenica di maggio e aveva proposto il garofano quale suo emblema floreale. Le radici del "Mother's Day" affondavano nella seicentesca tradizione inglese del "Mothering Sunday", quando, la quarta domenica di Quaresima, chi lavorava lontano da casa tornava per rendere onore alla propria madre, offrendole rose rosse e il *mothering cake*, un dolce a base di frutta.

Mother's Day

The first form of painting, going back about 40,000 years, shows a handprint. According to Charles Darwin, it was thanks to their hands that humans came to dominate on the planet, because of their opposable thumbs, that allow them to grasp and use even very small and slender implements.

Aristotle, Hippocrates and Julius Caesar were convinced that a person's destiny was written in the lines on his hand. The hand also plays an important role in Christianity: Jesus, who used his hands to heal and resuscitate, proved his identity through the stigmata. In Islamism, the hand of Fatima, Mohammed's favorite daughter, is an amulet that wards off evil. In traditional Indian dances, hand gestures make it possible to draw the *prâna* from space to channel it into the body.

The hand is also used to measure quantities (a *handful* of flour) and distances (the *palm* was once a unit of length), and to count. The decimal system probably arose because we have ten fingers to count with. "Handmade" is considered a positive attribute. And, naturally, finger and hand gestures make up a real language, with meanings that are often universal.

Therefore, it should come as no surprise that the hand, with its manifold meanings, was chosen as the symbol for "Mother's Day" when Woodrow Wilson established it in 1914, as a public expression of gratitude towards all mothers. Wilson officialized the "invention" of his countrywoman, Anna Marie Jarvis, who in 1907 began to campaign to make the second Sunday in May a holiday in honor of mothers, proposing the carnation as its floral emblem. The roots of "Mother's Day" go back to the 17th-century English tradition of Mothering Sunday, when on the fourth Sunday of Lent those who worked far from home would return to honor their mothers, bringing them red roses and a "mothering cake," a type of fruitcake.

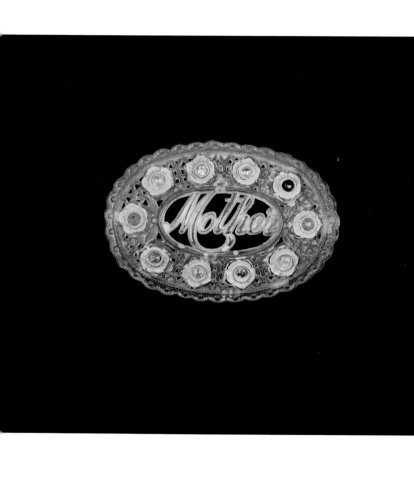

Spilla, Stati Uniti, 1910 ca.,
celluloide policroma.

Brooch, United States, c. 1910,
multicolored celluloid.

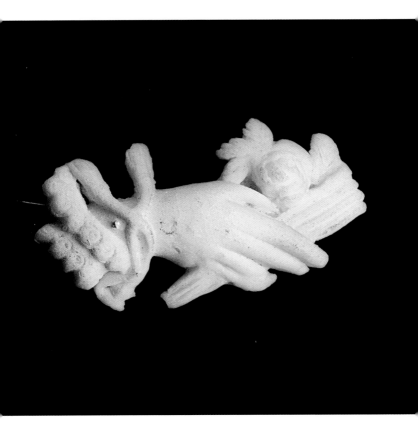

Spilla, Stati Uniti, 1910 ca.,
celluloide policroma.

Brooch, United States, c. 1910,
multicolored celluloid.

Spilla, Stati Uniti, 1920 ca., ottone
dorato, strass rosso.

*Brooch, United States, c. 1920,
gilded brass, red rhinestone.*

Spilla, Stati Uniti, 1920 ca.,
metallo dorato, smalto e strass
celesti.

*Brooch, United States, c. 1920,
gilded metal, light blue enamel
and rhinestones.*

Spilla, Stati Uniti, 1920 ca.,
metallo dorato e brunito, smalto,
perline verdi.

*Brooch, United States, c. 1920,
gilded and burnished metal,
enamel, green seed beads.*

291

Due spille, Stati Uniti, 1920 ca.,
metallo dorato e brunito.

*Two brooches, United States,
c. 1920, gilded and burnished
metal.*

Due spille, Stati Uniti, 1920 ca.,
metallo dorato e brunito, vetro
pressato rosso e celeste.

*Two brooches, United States,
c. 1920, gilded and burnished
metal, red and light blue molded
glass.*

Due spille, Stati Uniti, 1920 ca.,
metallo dorato e brunito.

*Two brooches, United States,
c. 1920, gilded and burnished
metal.*

Due spille, Stati Uniti, 1920 ca.,
metallo dorato e brunito, resina
corallo.

*Two brooches, United States,
c. 1920, gilded and burnished
metal, coral-coloured resin.*

Due spille con pendente, Stati
Uniti, 1920 ca., metallo dorato
e brunito, perla simulata.

*Two brooches with pendant,
United States, c. 1920, gilded
and burnished metal, imitation
pearl.*

Spilla, Stati Uniti, 1930 ca.,
metallo dorato, strass bianchi e
rossi.

*Brooch, United States, c. 1930,
gilded metal, white and red
rhinestones.*

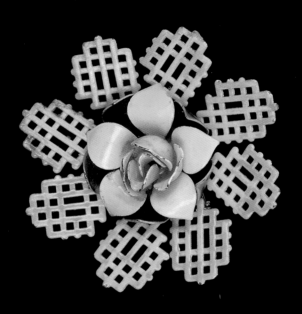

Spilla, Stati Uniti, 1970 ca.,
smalto verde e rosso.

Brooch, United States, c. 1970,
green and red enamel.

Due spille, Stati Uniti, 1970 ca.,
smalto policromo.

*Two brooches, United States,
c. 1970, multicolored enamel.*

Spilla, Stati Uniti, 1930 ca.,
metallo dorato, perle simulate.

*Brooch, United States, c. 1930,
gilded metal, imitation pearls.*

Due spille, Stati Uniti, 1940 ca.,
metallo dorato e brunito, smalto,
strass rossi e bianchi.

*Two brooches, United States,
c. 1940, gilded and burnished
metal, enamel, red and white
rhinestones.*

Spilla con coindoli, Stati Uniti,
1940 ca., metallo dorato
e brunito, strass.

*Brooch with charms, United States,
c. 1940, gilded and burnished
metal, rhinestones.*

Due spille, Stati Uniti, 1940 ca.,
peltro, strass celesti.

*Two brooches, United States,
c. 1940, pewter, light blue
rhinestones.*

Spilla, Stati Uniti, 1940 ca.,
metallo dorato.

*Brooch, United States, c. 1940,
gilded metal.*

Spilla, Stati Uniti, 1940 ca.,
metallo dorato, pasta di vetro
cognac.

*Brooch, United States, c. 1940,
gilded metal, amber pâte de verre.*

Spilla, Stati Uniti, 1940 ca.,
metallo dorato, strass policromi.

*Brooch, United States, c. 1940,
gilded metal, multicolored
rhinestones.*

Orecchini, Stati Uniti, 1950 ca.,
plastica bianca e gialla.

*Earrings, United States, c. 1950,
white and yellow plastic.*

Due spille, Stati Uniti, 1970 ca.,
smalto policromo.

*Two brooches, United States,
c. 1970, multicolored enamel.*

Set spilla e orecchini, Stati Uniti, 1940 ca., sterling placcato oro 14 carati, strass blu.

Brooch and earrings set, United States, c. 1940, 14-carat gold-plated Sterling silver, blue rhinestones.

Due spille, Stati Uniti, 1940 ca.,
metallo dorato e brunito, smalto
e strass policromi.

*Two brooches, United States,
c. 1940, gilded and burnished
metal, multicolored enamel
and rhinestones.*

310

Spilla, Stati Uniti, 1940 ca.,
metallo dorato, smalto blu, vetro
pressato rosso, perle simulate.

*Brooch, United States, c. 1940,
gilded metal, blue enamel, red
molded glass, imitation pearls.*

Due spille, Stati Uniti, 1940 ca.,
metallo dorato e brunito, strass
policromi.

*Two brooches, United States,
c. 1940, gilded and burnished
metal, multicolored rhinestones.*

Due spille, Stati Uniti, 1940
ca., metallo dorato e brunito,
cabochons, strass bianchi e rossi,
perline simulate.

*Two brooches, United States,
c. 1940, gilded and burnished
metal, cabochons, white and red
rhinestones, imitation seed pearls.*

Spilla, Stati Uniti, 1970 ca.,
smalto verde e arancio.

*Brooch, United States, c. 1970,
green and orange enamel.*

Spilla, Stati Uniti, 1970 ca.,
smalto policromo.

*Brooch, United States, c. 1970,
multicolored enamel.*

Spilla, Stati Uniti, 1970 ca.,
smalto giallo e rosa, resina rossa.

*Brooch, United States, c. 1970,
yellow and pink enamel, red resin.*

Spilla, Stati Uniti, 1940 ca.,
metallo dorato e brunito, resina
perlacea.

*Brooch, United States, c. 1940,
gilded and burnished metal,
pearly white resin.*

Due spille, Stati Uniti, 1950 ca.,
rodio, metallo dorato e brunito,
Swarovski.

*Two brooches, United States,
c. 1950, rhodium, gilded
and burnished metal,
Swarovski rhinestones.*

Spilla, Stati Uniti, 1950 ca.,
metallo dorato e brunito, perle
simulate, Swarovski.

*Brooch, United States, c. 1950,
gilded and burnished metal,
imitation pearls, Swarovski
rhinestones.*

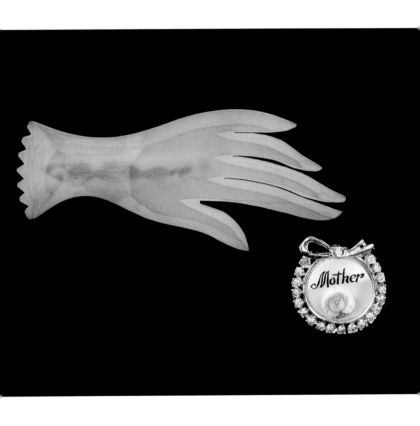

Spilla punzonata KJL, Stati Uniti,
1950 ca., resina lattea.

*Brooch, stamped KJL, United
States, c. 1950, milky white resin.*

Spilla, Stati Uniti, 1960 ca., rodio,
smalto policromo, Swarovski
bianchi.

*Brooch, United States, c. 1960,
rhodium, multicolored enamel,
white Swarovski rhinestones.*

Spilla, Stati Uniti, 1970 ca.,
metallo dorato, smalto due toni
viola.

*Brooch, United States, c. 1970,
gilded metal, lilac and purple
enamel.*

Due spille, Stati Uniti, 1970 ca.,
smalto policromo.

Two brooches, United States,
c. 1970, multicolored enamel.

Due spille, Stati Uniti, 1960 ca.,
metallo dorato, smalto rosso,
Swarovski.

*Two brooches, United States, c.
1960, gilded metal, red enamel,
Swarovski rhinestones.*

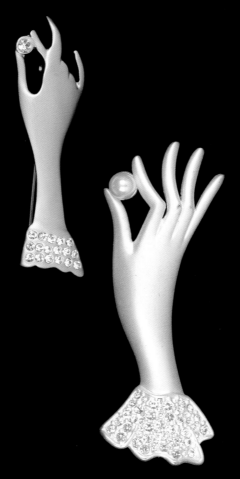

Spilla, Stati Uniti, 1960 ca., rodio, perla simulata.

Brooch, United States, c. 1960, rhodium, imitation pearl.

Spilla, Stati Uniti, 1960 ca., metallo dorato, Swarovski.

Brooch, United States, c. 1960, gilded metal, Swarovski rhinestones.

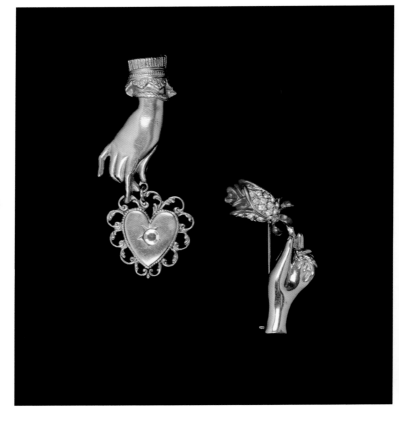

324

Due spille, Stati Uniti, 1960 ca.,
metallo dorato, smalto, Swarovski.

Two brooches, United States,
c. 1960, gilded metal, enamel,
Swarovski rhinestones.

Spilla, Stati Uniti, 1960 ca.,
metallo dorato, smalto nero,
Swarovski rosso.

Brooch, United States, c. 1960,
gilded metal, black enamel,
red Swarovski rhinestone.

326

Spilla con pendente, Stati Uniti,
1960 ca., metallo dorato, smalto
rosa.

*Brooch with pendant, United
States, c. 1960, gilded metal,
pink enamel.*

Spilla con ciondolo punzonata
Pell, Stati Uniti, 1960 ca., metallo
dorato, Swarovski policromi.

*Brooch with charm, stamped Pell,
United States, c. 1960, gilded
metal, multicolored Swarovski
rhinestones.*

328

Spilla apribile punzonata JJ, Stati
Uniti, 1985, peltro.

Locket brooch, stamped JJ, United
States, 1985, pewter.

Due spille, Stati Uniti, 1960 ca.,
metallo dorato, Swarovski blu.

Two brooches, United States,
c. 1960, gilded metal, blue
Swarovski rhinestones.

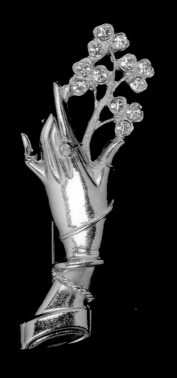

Spilla, Stati Uniti, 1960 ca.,
metallo dorato, Swarovski bianchi.

*Brooch, United States, c. 1960,
gilded metal, white Swarovski
rhinestones.*

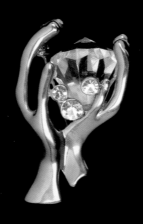

Due spille, Stati Uniti, 1960 ca.,
metallo dorato, Swarovski bianchi.

*Two brooches, United States,
c. 1960, gilded metal, white
Swarovski rhinestones.*

Due spille, Stati Uniti, 1960 ca.,
smalto policromo.

*Two brooches, United States,
c. 1960, multicolored enamel.*

Spilla, Stati Uniti, 1960 ca.,
metallo dorato, strass bianco.

*Brooch, United States, c. 1960,
gilded metal, white rhinestone.*

Spilla punzonata Trifari, Stati
Uniti, 1960 ca., metallo dorato,
smalto bianco e verde, Swarovski
bianchi.

*Brooch, stamped Trifari, United
States, c. 1960, gilded metal,
white and green enamel, white
Swarovski rhinestones.*

Due spille, Stati Uniti, 1960 ca.,
metallo dorato, Swarovski rossi.

*Two brooches, United States, c.
1960, gilded metal, red Swarovski
rhinestones.*

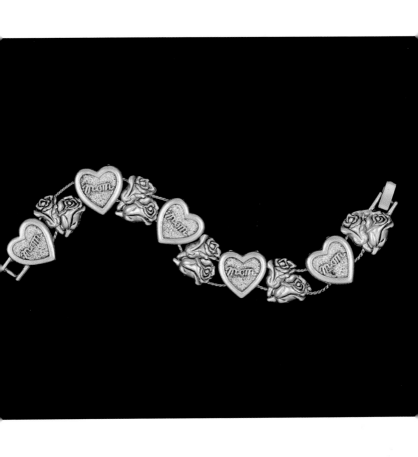

Braccialetto slide, Stati Uniti, 1970
ca., metallo dorato.

*Slide bracelet, United States,
c. 1970, gilded metal.*

334

Due spille, Stati Uniti, 1970 ca.,
metallo dorato, smalto, Swarovski
bianchi e rossi.

*Two brooches, United States,
c. 1970, gilded metal, enamel,
white and red Swarovski
rhinestones.*

Spilla, Stati Uniti, 1960 ca.,
metallo ramato, Swarovski color
topazio.

*Brooch, United States, c. 1960,
coppered metal, topaz Swarovski
rhinestones.*

Due spille, Stati Uniti, 1970 ca.,
smalto policromo.

*Two brooches, United States,
c. 1970, multicolored enamel.*

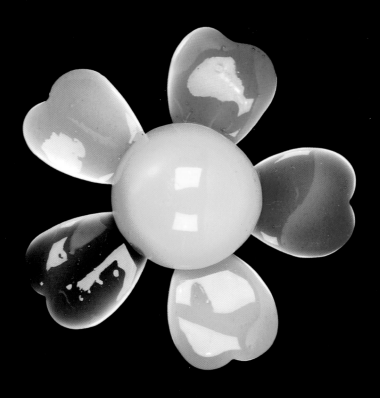

Spilla, Stati Uniti, 1970 ca.,
malto policromo.

*Brooch, United States, c. 1970,
multicolored enamel.*

Halloween

La festa di Halloween entra a far parte della cultura statunitense soprattutto in seguito all'emigrazione di massa degli irlandesi a causa della disastrosa carestia del 1845. Gli strati sociali più elevati se ne impadronirono, rendendola molto popolare e amplificandone l'aspetto giocoso ("Dolcetto o scherzetto?" chiedono i bambini bussando alle porte), per esorcizzare l'idea di morte che essa reca con sé. La notte del 31 ottobre venivano organizzati banchetti e altri eventi, soprattutto a scopo benefico; già intorno al 1910 si producevano in serie, oltre a dolci e costumi, i più diversi gadget.

Halloween toccò il culmine della popolarità durante la seconda guerra mondiale: travestimenti e scherzi servivano infatti a tenere alto il morale delle truppe. Sarà poi proprio l'ammirazione per il Paese dei liberatori a far imitare agli Europei tante cose tipicamente americane. Eppure, le radici della tradizione di Halloween sono europee, risalendo ai riti con cui i Celti, nella loro concezione circolare del tempo, celebravano la fine dell'anno vecchio e l'inizio del nuovo.

Protagonista indiscusso di questa festa – nonché simbolo di tutti i fantasmi errabondi – è sicuramente Jack-o'-lantern, il quale, usando una zucca come lanterna, cerca senza tregua, tra streghe e gatti neri, un luogo dove la sua anima possa riposare.

La parola *Halloween* deriva da *All Hallows Eve*, "vigilia di Ognissanti". Un etimo – puramente fantasioso – caro ai cultori del neopaganesimo la fa invece derivare da *All allows even*, "la sera in cui tutto è permesso".

Halloween

Halloween entered the American culture with the mass emigration of the Irish, following the terrible famine of 1845. The middle and upper classes adopted it, making it very popular and magnifying its playful side – children knock on people's doors to ask, "Trick or treat?" – to exorcise its inherent idea of death. On the night of October 31 banquets and other events would be organized, particularly for charitable purposes. As early as 1910 a wide variety of gadgets, candies and costumes began to be mass-produced for the occasion.

Halloween reached the height of its popularity during World War II, because dressing up and playing practical jokes helped keep the troops' morale high. In turn, the Europeans' admiration for their liberators inspired them to imitate many typically American things. Yet the roots of the tradition of Halloween are European, going back to the rites with which the Celts, in their circular conception of time, celebrated the end of the old year and the start of the new one.

The undisputed star of this holiday – and the symbol of restless ghosts – is Jack-o'-lantern who, using a pumpkin as a lantern, wanders among witches and black cats in his constant search for a place to lay his soul to rest.

The word *Halloween* comes from *All Hallows' Eve*, meaning the eve of All Saints' Day. However, according to a highly imaginative derivation propounded by followers of neo-paganism, it comes from *All allows even*: "the evening when everything is allowed."

Spilla, Stati Uniti, 1980 ca.,
smalto policromo.

Brooch, United States, c. 1980,
multicolored enamel.

Collana, Stati Uniti, 1980 ca.,
caucciù, resina acrilica nera
e arancione.

Necklace, United States, c. 1980,
rubber, black and orange acrylic
resin.

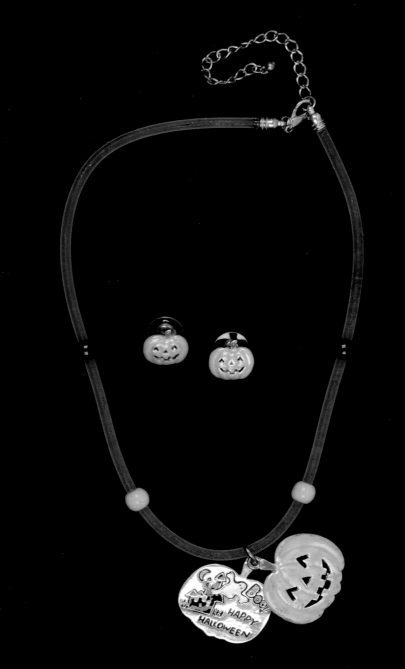

Set collana e orecchini, Stati Uniti,
1980 ca., cauccù, rodio, smalto
policromo.

*Necklace and earrings set, United
States, c. 1980, rubber, rhodium,
multicolored enamel.*

Tre spille punzonate Pell, Stati
Uniti, 1960 ca., metallo dorato,
gunmetal, Swarovski arancioni.

*Three brooches, stamped
Pell, United States, c. 1960,
gilded metal, gunmetal, orange
Swarovski rhinestones.*

344

Spilla, Stati Uniti, 1980 ca., resina
policroma.

Brooch, United States, c. 1980,
multicolored resin.

Due spille, Stati Uniti, 1970 ca.,
resina policroma, Swarovski
neri e arancioni.

Two brooches, United States,
c. 1970, multicolored resin, black
and orange Swarovski rhinestones.

Due spille, Stati Uniti, 1970 ca.,
smalto policromo.

*Two brooches, United States,
c. 1970, multicolored enamel.*

Set spilla e orecchini, Stati Uniti,
1970 ca., smalto policromo.

*Brooch and earrings set, United
States, c. 1970, multicolored
enamel.*

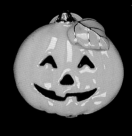

Bracciale elastico con ciondoli,
Stati Uniti, 1980 ca., rodio,
resina, smalto policromo.

Stretch bracelet with charms,
United States, c. 1980, rhodium,
resin, multicolored enamel.

Due spille, Stati Uniti, 1980 ca.,
smalto policromo.

Two brooches, United States,
c. 1980, multicolored enamel.

Spilla con ciondoli, Stati Uniti, 1980 ca., smalto policromo.

Brooch with charms, United States, c. 1980, multicolored enamel.

Spilla, Stati Uniti, 1980 ca., smalto policromo.

Brooch, United States, c. 1980, multicolored enamel.

Spilla, Stati Uniti, 1980 ca.,
smalto bianco e arancione.

*Brooch, United States, c. 1980,
white and orange enamel.*

Feeling
Ghoulish?

Happy
Halloween

MADE IN USA

352

Spilla su cartoncino, Stati Uniti,
1980 ca., smalto bianco, nero
e arancione.

Brooch on card, United States,
c. 1980, white, black
and orange enamel.

Due spille, Stati Uniti, 1980 ca.,
smalto bianco e arancione.

Two brooches, United States,
c. 1980, white and orange
enamel.

354

Spilla punzonata JJ, Stati Uniti,
1985, peltro, smalto policromo.

*Brooch, stamped JJ, United States,
1985, pewter, multicolored
enamel.*

Due spille, Stati Uniti, 1970 ca.,
metallo dorato, smalto bianco,
Swarovski arancioni e verdi.

*Two brooches, United States,
c. 1970, gilded metal, white
enamel, orange and green
Swarovski rhinestones.*

Spilla punzonata JJ, Stati Uniti,
1985, peltro, smalto verde
e arancione.

*Brooch, stamped JJ, United States,
1985, pewter, green and orange
enamel.*

Spilla punzonata JJ, Stati Uniti,
1985, peltro.

*Brooch, stamped JJ, United States,
1985, pewter.*

Spilla con ciondolo, Stati Uniti,
1960 ca., metallo rodiato, smalto
policromo.

*Brooch with charm, United States,
c. 1960, rhodium-plated metal,
multicolored enamel.*

Spilla, Stati Uniti, 1970 ca., resina
policroma.

Brooch, United States, c. 1970,
multicolored resin.

359

Spilla, Stati Uniti, 1980 ca.,
smalto policromo.

*Brooch, United States, c. 1980,
multicolored enamel.*

Tre spille punzonate Pell, Stati Uniti,
1960 ca., metallo dorato, gunmetal,
Swarovski neri e arancioni.

*Three brooches, stamped Pell, United
States, c. 1960, gilded metal,
gunmetal, black and orange Swarovski
rhinestones.*

Set spilla e orecchini, Stati Uniti,
1960 ca., smalto policromo.
Swarovski bianchi.

*Brooch and earrings set, United
States, c. 1960, multicolored
enamel and white Swarovski
rhinestones.*

362

Spilla, Stati Uniti, 1980 ca., resina
policroma.
*Brooch, United States, c. 1980,
multicolored resin.*

Spilla, Stati Uniti, 1980 ca.,
metallo dorato, smalto policromo,
Swarovski bianchi.

*Brooch, United States, c. 1980,
gilded metal, multicolored enamel,
white Swarovski rhinestones.*

Spilla, Stati Uniti, 1980 ca., metallo
dorato, smalto policromo.

*Brooch, United States, c. 1980, gilded
metal, multicolored enamel.*

Due spille, Stati Uniti, 1970 ca.,
metallo dorato, smalto policromo.

Two brooches, United States,
c. 1970, gilded metal,
multicolored enamel.

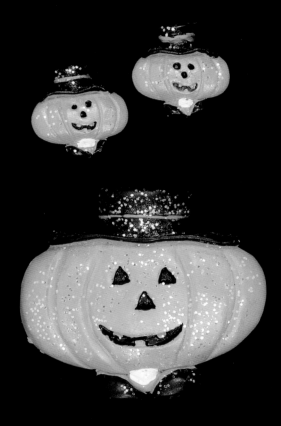

Set spilla e orecchini, Stati Uniti, 1980 ca., smalto policromo.

Brooch and earrings set, United States, c. 1980, multicolored enamel.

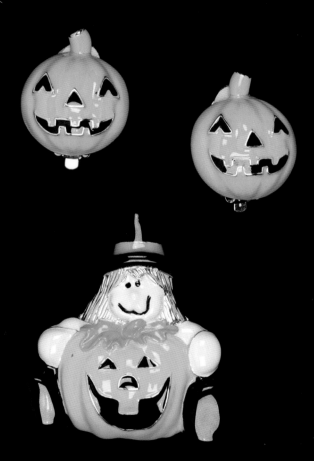

Set spilla e orecchini, Stati Uniti,
1980 ca., smalto policromo.

*Brooch and earrings set, United
States, c. 1980, multicolored
enamel.*

Set spilla e orecchini, Stati Uniti,
1980 ca., smalto policromo.

*Brooch and earrings set, United
States, c. 1980, multicolored
enamel.*

Spilla su cartoncino punzonata JJ,
Stati Uniti, 1985, peltro, smalto
policromo.

*Brooch on card, stamped JJ,
United States, 1985, pewter,
multicolored enamel.*

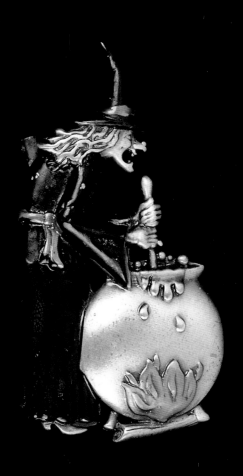

Spilla punzonata JJ, Stati Uniti,
1985, metallo dorato, smalto
policromo.

*Brooch, stamped JJ, United States,
1985, gilded metal, multicolored
enamel.*

Spilla punzonata JJ, Stati Uniti,
1985, peltro, smalto policromo.

*Brooch, stamped JJ, United States,
1985, pewter, multicolored
enamel.*

Spilla punzonata JJ, Stati Uniti,
1985, peltro, smalto policromo.

*Brooch, stamped JJ, United States,
1985, pewter, multicolored
enamel.*

Spilla punzonata JJ, Stati Uniti,
1985, peltro, smalto policromo.

*Brooch, stamped JJ, United States,
1985, pewter, multicolored
enamel.*

Spilla punzonata JJ, Stati Uniti,
1985, metallo dorato, smalto
policromo.

*Brooch, stamped JJ, United States,
1985, gilded metal, multicolored
enamel.*

Tre spille punzonate JJ, Stati Uniti,
1985, metallo dorato, peltro,
smalto policromo.

*Three brooches, stamped JJ,
United States, 1985, gilded metal,
pewter, multicolored enamel.*

Spilla punzonata JJ, Stati Uniti,
1985, metallo dorato, smalto
policromo.

*Brooch, stamped JJ, United States,
1985, gilded metal, multicolored
enamel.*

Ciò che ho imparato degli Stati Uniti dai bijoux americani d'epoca

Possiamo indossare un abito, una spilla o una collana non solo per ragioni di decoro, ma anche per "vestirci" dell'emozione che colleghiamo all'oggetto. Questo legame tra il bijou e l'emozione è sia individuale sia collettivo. "Moda" è parola che indica un tipo di legame sociale. Nei secoli, il contenuto simbolico sociale dei bijoux ha viaggiato per il pianeta migrando da un valore all'altro.

È molto interessante seguire il lungo viaggio che ha effettuato il contenuto simbolico dei nostri bijoux: dall'India ai deserti della Mongolia; dalla Cina e dal Magreb alla Londra della regina Vittoria e alla Parigi di Coco Chanel e Schiaparelli.

E infine, o in terza classe o sul Luxury Deck di prima classe di qualche piroscafo, il significato dei bijoux di fantasia, parigini e inglesi, si è intrecciato con la cultura dei nativi Indiani d'America, con quella dei Pilgrims e dei pionieri americani, degli emigranti di tutto il mondo verso il "sogno americano", con i simboli delle praterie, i carri e i bufali, i fenomeni naturali e le speranze, contribuendo a creare il mondo del "costume jewelry" americano che sempre più appassiona tanti collezionisti.

Vent'anni fa circa incontrai Maria Teresa Cannizzaro, che già si occupava di storia del Costume Jewelry. Da allora, il mio già attivo interesse per la storia degli Stati Uniti si associò a quello della collezionista di bijoux americani d'epoca. E sono stati proprio i bijoux ad aprirmi finestre inaspettate su aspetti antropologici e sociologici della realtà degli USA, negli anni trenta, quaranta e cinquanta del Novecento. È stato detto più volte, citando un erudito collezionista, che possiamo capire di più della storia di un popolo dall'artigianato delle scarpe che non studiando unicamente i suoi figli più geniali, perché le arti applicate esprimono i paradigmi estetici maggiormente condivisi, mentre i geni sono, per loro natura, *hors catégorie*. Nel caso degli stili dei bijoux americani dagli anni trenta ai cinquanta entrarono, come elementi propulsivi, molti fattori culturali. Tra questi specialmente quelli portati dalle ondate migratorie dall'Europa e dalla Russia della fine dell'Ottocento e inizi del Novecento; la Grande Depressione del 1929; l'egemonia culturale di Parigi rispetto a New York; la seconda guerra mondiale e il boom economico successivo.

Il presente volume è dedicato ai *bijoux delle feste*, ovvero a quegli ornamenti che erano (e sono) indossati durante le festività, come segno di adesione alla comunità e appartenenza alla nazione.

Antropologicamente, le feste sono un tempo estraneo al mondo degli affari e della vita quotidiana, sono un momento in cui la comunità che accetta i valori legati alla festa si comporta in modo diverso dall'usuale, ed esprime questo *tempo speciale* con i riti accettati, che hanno sapore magico, apotropaico, visionario.

Negli Stati Uniti i milioni di emigranti, provenienti da culture e da feste molto diverse, dovettero tuttavia adeguarsi al clima locale, nel loro tentativo di essere accettati dalla comunità. Per cui, portare i segni del rito dominante fu necessario. Ma dovettero esservi, da parte delle culture emigrate, anche espressioni più attive di partecipazione, associate all'accettazione passiva dei simboli delle feste americane.

Gli italiani, i polacchi, i russi, gli irlandesi portarono con sé sia simboli che contenuto dei simboli, e questi si assommarono e si confusero nel "brodo" culturale di allora. Così, insieme agli emigranti, trasmigrarono anche i simboli delle loro feste e dei loro valori.

L'America ingloba e divora i simboli, e ne inventa moltissimi.

Il caso più singolare e più complesso è forse quello relativo alla lunga emigrazione e alla trasformazione dei simboli della festa del Natale cristiano, e come questa complessità si espresse in milioni di spille, spilloni, bracciali e collier prodotti negli Stati Uniti che adornarono milioni di americani, vecchi e nuovi, durante l'Avvento e le feste natalizie.

La ricchezza delle forme delle spille natalizie americane raccolse le culture dell'Europa del Sud con il ceppo e il presepio, e quella del Nord con l'albero di Natale e i falò. La Russia portò il suo Nonno Gelo, stelle ovunque e la Babuska che distribuisce i regali ai bambini. Ritroviamo la *luce dei falò* negli strass; l'agrifoglio e il pungitopo, alberi cari alla tradizione celtica; l'albero di Natale e le palline che lo addobbano; le ghirlande natalizie che sono spille, orecchini e charms per bracciali; e l'angelo della tradizione cristiana.

Anche la filastrocca della pernice sull'albero di pere, carola natalizia a sfondo religioso di tradizione inglese del Seicento, cantata per tenere buoni i bambini durante le feste (per il freddo non possono uscire!), ha la sua spilla, dove l'albero e la pernice che vi è accoccolata sono un pavé di strass colorati.

E Babbo Natale, rosso e rubizzo, panciuto e allegro, che porta i doni scendendo dai camini? In realtà, si tratta di san Nicola, vescovo della Chiesa greca di Mira, vissuto nel IV secolo d.C. sotto Diocleziano. Santo famoso tra i poveri per molti secoli, per le sue opere caritatevoli (recava doni agli affamati) e per i miracoli dedicati in particolare agli oppressi e agli afflitti. L'iconografia del santo lo vede vestito di rosso, bordato di bianco, e per via dell'enorme popolarità tra i fedeli delle Chiese d'Oriente e d'Occidente le sue reliquie furono trafugate e portate a Bari, in Italia.

Sinter Klaas, ovvero Santa Claus, ovvero san Nicola, fu portato a New

York verso la metà del Settecento da emigranti olandesi, e dopo pochi anni Sinter Klaas fu americanizzato in Santa Claus.

La trasformazione di san Nicola nel Babbo Natale che guida la slitta con le renne avviene a metà Ottocento, grazie al poema, pubblicato a New York nel 1823, *A visit from St. Nicholas*, dove è descritto come un signore anziano, grassoccio, con le sue otto renne Cometa, Ballerina, Fulmine, Donnola, Freccia, Saltarello, Donato, Cupido. Il poema ebbe un grandissimo successo presso il pubblico più giovane.

L'ulteriore evoluzione iconografica di Babbo Natale si deve al fumettista americano Thomas Nast (1840-1902), un cartoonist noto per il suo impegno politico contro la corruzione e a favore dei diseredati (ancora i "doni"). In un suo fumetto, pubblicato nel 1863 sull'"Harper's Weekly", si vede il nostro omone in rosso, barba bianca, cintura e stivali di cuoio, sorridente e con il sacco di doni. Nast inventò anche l'immagine della casa di Santa Claus al Polo Nord e dei folletti che lo aiutano a preparare i regali.

Nel 1930, poi, un altro disegnatore, Haddon Sundblom, usò l'immagine di Babbo Natale di Nast per una campagna pubblicitaria della Coca-Cola, poiché rosso e bianco erano i colori ufficiali dell'azienda.

Tutti questi simboli, colori, sfumature culturali ritroviamo nelle spille e nei jewels americani, poiché l'America, con la sua mission "ecumenica", accettò molti di questi simboli e riti, inglobandoli in un'unica festa, cui diede un sapore patriottico, e anche commerciale.

Infine una breve nota per capire perché ancor oggi, in America, spille a rosa, boccioli e rose dischiuse siano tra i regali più diffusi per la Festa della mamma.

La rosa è simbolo antichissimo dal contenuto semantico contraddittorio: del divino e della mistica cristiana; della Madonna e della sposa virtuosa; del mistero e della sensualità.

Negli USA la rosa è uno degli emblemi patriottici, poiché George Washington, il primo presidente, fu salutato dalla folla durante la Inaugural Parade del 1789 con lanci di petali di rose da parte di donne che portavano al collo serti dello stesso fiore. Il presidente Washington, a sua volta, divenne un appassionato coltivatore di rose e ne produsse una varietà che chiamò Mary Washington, dal nome della madre.

Oggetti di poco valore monetario, ma ricchi di storia e di passione, questi gioielli di fantasia ci raccontano moltissimo della storia dei popoli e ancor più di un popolo estroverso e in continua evoluzione come quello degli Stati Uniti.

Fiorella Operto
Segretario Generale dell'Associazione Culturale "Passato e Presente",
sezione italiana, Vintage Fashion & Costume Jewelry Club, Roma

What vintage costume jewelry taught me about the United States

We can wear a dress, a brooch or a necklace not only as an adornment but also to "dress" ourselves in the emotion we connect with that object. This bond between costume jewelry and emotions is both individual and collective. The word "fashion" indicates a type of social tie. Over the centuries the social symbolic content of costume jewelry has traveled the globe, shifting from one value to another.

It is very interesting to follow the long journey of the symbolic content of our costume jewelry: from India to the deserts of Mongolia, from China to North Africa, from Victorian London to the Paris of Coco Chanel and Elsa Schiaparelli.

In third class as well as on the first-class luxury deck of a steamship, the significance of Parisian and English fashion jewelry got intertwined with the culture of the Native Americans and the pioneers, and of those who emigrated from all over the world in search of the "American dream," with its prairies, covered wagons and bisons, natural phenomena and hope. And all of this helped shape the world of American costume jewelry that has caught the fancy of growing numbers of collectors.

When I met Maria Teresa Cannizzaro around twenty years ago she was already a historian of costume jewelry. Since then, in addition to my already keen interest in American history, I became interested in collecting vintage American costume jewelry. And it was these pieces of jewelry that opened up unexpected windows on anthropological and sociological aspects of life in the United States in the Thirties, Forties and Fifties. It has often been said – citing a scholarly collector – that we can understand more about the history of a people from the craftsmanship of its shoemakers than by studying only its most brilliant figures, because the applied arts express more widely shared aesthetic values, while geniuses are, by nature, in a class of their own.

In the case of the styles of American costume jewelry between the Thirties and the Fifties, numerous cultural factors came into play as driving elements, notably those brought in by the waves of immigration from Europe and Russia at the turn of the 20th century; the Wall Street crash of 1929 and the Great Depression; Paris's cultural predominance over New York, World War II, and the economic boom that followed.

The present book is dedicated to *seasonal costume jewelry*: pieces that were – and still are – worn for specific holidays as a sign of being part of the community and belonging to the nation.

From an anthropological standpoint, holidays are a period outside the world of business and everyday life; they are a moment in which the community accepting the values tied to the holiday acts differently than usual, expressing this *special time* with accepted rituals that have a magical, apotropaic and visionary feel to them.

In the United States, the millions of immigrants from different cultures with different holidays nevertheless had to adapt to the local climate, in their attempt to be accepted by the community. As a result, it became essential to wear the symbols of the prevailing ritual; but immigrants must also have displayed more active forms of participation, along with their passive acceptance of the symbols of American holidays.

The Italians, Poles, Russians and Irish brought with them their symbols as well as the content of these symbols, which merged and became part of the melting pot of the era. Thus the symbols of the holidays and values of these people migrated along with them.

America incorporates and devours symbols, and invents many more. Arguably the most singular and complex case is the one involving the long migration and transformation of the symbols of Christian Christmas, and how this complexity was expressed in countless brooches, pins, bracelets, and necklaces produced in the United States and worn by millions of Americans, young and old, during Advent and Christmas holidays.

The wealth of forms of American Christmas brooches picked up elements from the cultures of southern Europe, such as the Christmas log and the Nativity scene, and of northern Europe, such as the Christmas tree and the bonfires. Russia brought Grandfather Frost, a plethora of stars, and the Babushka who distributes gifts to children. Everything is there: the light of bonfires, in the glitter of rhinestones; the holly and the mistletoe, plants dear to the Celtic tradition; the Christmas tree and the balls decorating it; wreaths transformed into brooches, earrings, and charms for bracelets; and the angel of the Christian tradition.

Even the song about the partridge in a pear tree, a traditional 17th-century Christmas carol with a religious undertone, sung to keep children quiet during the holidays (after all, it was too cold to go outside!), has its own brooch, where the tree and the partridge perched on it are a pavé of colored rhinestones.

And what about the merry, chubby, red-cheeked Santa Claus who comes down the chimney bringing gifts? In reality, he is St. Nicholas, Greek Bishop of Myra, who lived in the fourth century A.D. under Diocletian. The saint was famous among the poor for many centuries for his charitable work (he brought gifts to the hungry) and his miracles, chiefly in favor of the oppressed and afflicted. In the iconography of the saint he is dressed in a red robe trimmed with white, and because of his enormous popularity among the faithful of the Eastern and Western Churches his relics were stolen and brought to Bari, Italy.

Sinter Klaas, aka Santa Claus, aka St. Nicholas, was brought to New York in the mid-18th century by Dutch immigrants and, within a matter of years, Sinter Klaas was Americanized as Santa Claus.

The transformation of St. Nicholas into Santa Claus driving his sleigh pulled by reindeer took place in the mid-19th century, thanks to the poem published in New York in 1823, *A Visit from St. Nicholas*, in which he was described as a portly old gentleman with eight reindeer: Dasher, Dancer, Prancer, Vixen, Comet, Cupid, Donner, and Blitzen. The poem was a huge success with young people.

The image of Santa Claus evolved further thanks to the American cartoonist Thomas Nast (1840–1902), known for his political commitment against corruption and in favor of outcasts ("gifts" again). In one of his cartoons, published in "Harper's Weekly" in 1863, we find our stout white-bearded man wearing a red outfit, leather belt, and boots, smiling as he carries his bag of gifts. Nast also invented the image of Santa Claus's house at the North Pole, with the elves who help him prepare Christmas presents.

In 1930 another artist, Haddon Sundblom, used Nast's image of Santa Claus for an ad campaign for Coca-Cola, since red and white were the company's official colors.

We can find all of these symbols, colors, and cultural nuances in American brooches and jewels, because with its "ecumenical" mission America accepted many of these symbols and rituals, incorporating them into a single holiday with a patriotic and commercial flavor as well.

Lastly, we must also examine why in America, even today, brooches with roses and rosebuds are among the most common gifts for Mother's Day.

The rose is an extremely ancient symbol with a contradictory semantic content: the divine and Christian mysticism, the Virgin and the virtuous bride, mystery and sensuality.

In the United States the rose is a patriotic symbol because, during the Inaugural Parade of 1789, the crowd hailed George Washington, the first president, with rose petals tossed by women wearing rose garlands around their necks. President Washington, in turn, became a passionate grower of roses and produced a variety he named Mary Washington, after his mother.

Inexpensive but rich in history and passion, these pieces of costume jewelry tell us a great deal about the history of populations, and yet more about an extroverted nation that continues to evolve: the United States.

Fiorella Operto
General Secretary of the Cultural Association "Passato e Presente",
Italian section, Vintage Fashion & Costume Jewelry Club, Rome

BIBLIOGRAFIA

L. Bailey, *Christmas Present*, in "Vintage Fashion & Costume Jewelry Newsletter and Club", autunno 1997, pp. 1-5.

L. Baker, *100 Years of Collectible Jewelry*, Paducah (Kentucky), Collector Books, 1978.

M.T. Cannizzaro, *Brillanti Illusioni*, Genova, Dives Edizioni, 2002.

M.T. Cannizzaro, *Bijoux americani*, Milano, Federico Motta Editore, 2003.

E. Castruccio, *I Collezionisti - usi, costumi, emozioni*, Cremona, Persico Edizioni, 2008.

C. De Benedictis, *Per una storia del collezionismo italiano. Fonti e documenti*, Firenze, Ponte alle Grazie, 1991 (seconda edizione, Milano, 1998).

J. Dubbs Ball, *Costume Jewelers. The Golden Age of Design*, Atglen (Pennsylvania), Schiffer Publishing Ltd, 1990.

R. Ettinger, *Popular Jewelry of the '60s, '70s, '80s*, Atglen (Pennsylvania), Schiffer Publishing Ltd, 1997.

D. Farneti Cera, *I gioielli di Miriam Haskell*, Milano, Idea Books, 1997.

D. Farneti Cera, *Bijoux*, Milano, Federico Motta Editore, 2010.

J. Gallina, *Christmas Pins, Past and Present*, Paducah (Kentucky), Collector Books, 1996.

C. Gordon, S. Pamfiloff, *Miriam Haskell Jewelry*, Atglen (Pennsylvania), Schiffer Publishing Ltd, 2004.

M.V. Marini Clarelli, *Che cos'è un museo*, Roma, Carocci, 2005.

G. Mariotti, *All My Baskets*, Milano, Franco Maria Ricci, 1998.

A. Morandotti, *Il collezionismo in Lombardia. Studi e ricerche tra '600 e '800*, Milano, Officina Libraria, 2008.

M. Morrison, *Christmas Jewelry*, Atglen (Pennsylvania), Schiffer Publishing Ltd, 1998.

C. Simonds, *Collectible Costume Jewelry*, Paducah (Kentucky), Collector Books, 1997.

L. Tempesta, *Christmas Past and Present*, in "Vintage Fashion & Costume Jewelry Newsletter and Club", autunno 1997, pp. 5-9.

E. Zacchello, *Il bijou nel sogno americano. La cultura del gioiello non prezioso*, Roma, Albatros, 2010.

BIBLIOGRAPHY

L. Bailey, "Christmas Present," in *Vintage Fashion & Costume Jewelry Newsletter and Club*, Fall 1997, pp. 1-5.

L. Baker, *100 Years of Collectible Jewelry*, Paducah (Kentucky): Collector Books, 1978.

M.T. Cannizzaro, *Brillanti Illusioni*, Genoa: Dives Edizioni, 2002.

M.T. Cannizzaro, *Bijoux americani*, Milan: Federico Motta Editore, 2003.

E. Castruccio, *I Collezionisti - usi, costumi, emozioni*, Cremona: Persico Edizioni, 2008.

C. De Benedictis, *Per una storia del collezionismo italiano. Fonti e documenti*, Florence: Ponte alle Grazie, 1991 (second edition, Milan, 1998).

J. Dubbs Ball, *Costume Jewelers. The Golden Age of Design*, Atglen (Pennsylvania): Schiffer Publishing Ltd, 1990.

R. Ettinger, *Popular Jewelry of the '60s, '70s, '80s*, Atglen (Pennsylvania): Schiffer Publishing Ltd, 1997.

D. Farneti Cera, *I gioielli di Miriam Haskell*, Milan: Idea Books, 1997.

D. Farneti Cera, *Bijoux*, Milan: Federico Motta Editore, 2010.

J. Gallina, *Christmas Pins, Past and Present*, Paducah (Kentucky): Collector Books, 1996.

C. Gordon, S. Pamfiloff, *Miriam Haskell Jewelry*, Atglen (Pennsylvania): Schiffer Publishing Ltd, 2004.

M.V. Marini Clarelli, *Che cos'è un museo*, Rome: Carocci, 2005.

G. Mariotti, *All My Baskets*, Milan: Franco Maria Ricci, 1998.

A. Morandotti, *Il collezionismo in Lombardia. Studi e ricerche tra '600 e '800*, Milan: Officina Libraria, 2008.

M. Morrison, *Christmas Jewelry*, Atglen (Pennsylvania): Schiffer Publishing Ltd, 1998.

C. Simonds, *Collectible Costume Jewelry*, Paducah (Kentucky): Collector Books, 1997.

L. Tempesta, "Christmas Past and Present," in *Vintage Fashion & Costume Jewelry Newsletter and Club*, Fall 1997, pp. 5-9.

E. Zacchello, *Il bijou nel sogno americano. La cultura del gioiello non prezioso*, Rome: Albatros, 2010.

La campagna fotografica per questo
volume è stata appositamente
realizzata da Alessandro Vasari,
Roma.

The photographs were taken
especially for this volume
by Alessandro Vasari, Rome.

Finito di stampare
nel mese di novembre 2011
a cura di 24 ORE Cultura, Pero (MI)

Printed in Italy
by 24 ORE Cultura, Pero (Milan)
November 2011